CÓDIGO DE DEFESA DO CONSUMIDOR

Cláusulas abusivas nas relações contratuais de consumo

B699c Bonatto, Cláudio
　　　　Código de defesa do consumidor: cláusulas abusivas
　　　nas relações contratuais de consumo / Cláudio Bonatto.
　　　2. ed. rev. atual. — Porto Alegre: Livraria do Advogado
　　　Ed., 2004.
　　　　151p.; 14x21cm.

　　　　ISBN 85-7348-330-X

　　　　　　1. Código de Proteção e Defesa do Consumidor 2.
　　　Cláusula contratual. 3. Contrato. I. Título.

　　　　　　　　　　　　　　　　　CDU – 347.451.031

　　　　Índices para o catálogo sistemático:

　　　Código de Proteção e Defesa do Consumidor
　　　Cláusula contratual
　　　Contrato

(Bibliotecária responsável: Marta Roberto, CRB-10/652)

Cláudio Bonatto

CÓDIGO DE DEFESA DO CONSUMIDOR

Cláusulas abusivas nas relações contratuais de consumo

2ª edição
revista e atualizada
de acordo com o novo Código Civil

livraria
DO ADVOGADO
editora

Porto Alegre 2004

© Cláudio Bonatto, 2004

Capa, projeto gráfico e diagramação
Livraria do Advogado Editora

Revisão
Rosane Marques Borba

Direitos desta edição reservados por
Livraria do Advogado Editora Ltda.
Rua Riachuelo, 1338
90010-273 Porto Alegre RS
Fone/fax: 0800-51-7522
livraria@doadvogado.com.br
www.doadvogado.com.br

Impresso no Brasil / Printed in Brazil

Dedico este trabalho à minha mulher, *Dalva*, e aos meus filhos, *Cláudio Vinícius* e *Larissa*, companheiros de todas as horas e alimento perene do meu espírito.

Também, aos *Professores* e *Colegas* do Curso de Especialização em Direito Civil da Universidade Federal do Rio Grande do Sul, Turma 1999/2000, pela agradável e gratificante convivência.

Agradeço ao meu amigo e incentivador *Paulo Valério Dal Pai Moraes*.

Dedico, de modo especial, esta obra, ao grande amigo e orientador, colega brilhante de Ministério Público do Rio Grande do Sul e de Diretoria do BRASILCON, *Dr. Adalberto Pasqualotto*.

O que há em uma palavra?
Pergunta Shakespeare
e Francis Wolff responde:
"dire le monde".

Por mérito recebes o talento,
transmigras em sensos,
transmites tuas idéias
pela palavra.

Buscas a verdade
das coisas em si.
E só a ética
te torna um homem.

Dalva Tesainer Bonatto
Porto Alegre, 25 de agosto de 2004

Prefácio

Honraria não se recusa. E homenagem de amigo também não. São essas duas razões que me trouxeram às páginas introdutórias deste novo livro de Cláudio Bonatto, honrado que fiquei com o convite para apresentá-lo – formalidade, aliás, dispensável, por se tratar de nome conhecido em todo o país, seja pelo Ministério Público, seja pelo Brasilcon, seja pelos seus escritos anteriores.

A presente obra é resultado da monografia de conclusão do Curso de Especialização em Direito Civil, da Universidade Federal do Rio Grande do Sul. À parte o seu conteúdo, a ser comentado adiante, ela bem reflete a disposição de ânimo do autor, que depois de se aposentar como Procurador de Justiça, voltou-se para a atividade acadêmica, incansavelmente à busca de novos desafios.

A formação de Cláudio Bonatto tem dois aspectos bem salientes: é um homem de ciência e de espírito prático. As duas profissões que exerceu atestam essa complementaridade. Foi membro da Força Aérea Brasileira e Promotor de Justiça. Ambas têm em comum o conhecimento como pressuposto de efeitos práticos tenazmente perseguidos.

Conheci Bonatto no segundo momento, como colega no Ministério Público do Rio Grande do Sul. Surpreendi-me quando soube da sua experiência anterior, porque me parecera predestinado a ser Promotor.

O Promotor de Justiça caracteriza-se em primeiro lugar pela sua inconformidade com a injustiça, o que o faz um rebelde em boa causa. Junta-se a essa inquietude o amor pela coletividade. As causas de um Promotor de Justiça nunca são as de um indivíduo, mas da sociedade, especialmente da comunidade, que é esse grupo social mais próximo, onde levamos a nossa própria vida. Bonatto sempre militou nessas duas dimensões, lutando por ideais de convivência, o que lhe granjeou o reconhecimento das comarcas por onde passou.

Ao ser promovido para a Capital, não demorou em ser distinguido com um lugar na Coordenadoria das Promotorias de Defesa Comunitária, que na planta organizacional de então correspondia ao órgão do Ministério Público de defesa de interesses difusos e coletivos gerais, inclusive do meio ambiente e dos consumidores. Atuando inicialmente como Promotor Adjunto e depois como Coordenador, Bonatto participou diretamente de ações (em sentido amplo e estrito) do Ministério Público que marcaram o cenário jurídico do Rio Grande do Sul, algumas vezes confrontando-se com interesses empresariais, outras vezes brecando administrações públicas, mas sempre obtendo o reconhecimento final do mérito da sua luta, retratado em decisões judiciais que jamais representaram revezes das causas que levantou. Para citar apenas uma, foi sob a sua liderança que o Ministério Público do Rio Grande do Sul instaurou inquérito civil para sanear os contratos de adesão de todos os bancos que operavam em Porto Alegre, conseguindo compromissos de ajustamento de conduta em muitos casos ou levando os recalcitrantes aos tribunais. Ultimamente essas ações, que à sua totalidade têm sido julgadas procedentes nas instâncias inferiores, vêm obtendo o respaldo de decisões do Superior Tribunal de Justiça.

A carreira de Bonatto prosseguiu com a promoção a Procurador de Justiça, cargo que o levou a ocupar a Coordenadoria do Centro de Apoio das Promotorias de Justiça de Defesa Comunitária, função em que repartiu com os jovens Promotores de todo o Estado muito de seu saber calejado de experiência.

Falando num tom mais pessoal, Bonatto é um sujeito admirável. Os que o conhecem bem jamais deixam de ressaltar as suas qualidades pessoais, enaltecendo a lealdade como marca das suas inúmeras relações de amizade e a dignidade como traço preponderante de caráter. Os que o conhecem relativamente, como alunos e ouvintes de auditórios, sempre se impressionam com o entusiasmo e a franqueza da sua oratória, que matizam fortemente o temperamento gaúcho, modo telúrico do seu ser. Agora, na neutralidade do papel, que registra apenas aquilo do que o autor é capaz, revela-se a dimensão do jurista.

Não se trata propriamente de uma estréia, já que ele, juntamente com Paulo Valério Dal Pai Moraes, com quem trabalhou no Ministério Público por vários anos, é co-autor de uma festejada obra sobre "Questões Controvertidas no Código de Defesa do Consumidor" (em 3ª edição, da Livraria do Advogado). É, porém, outro vôo, além de solo, mais alto, porque alça necessariamente píncaros doutrinários, descendo ao vale depois de conhecer a montanha.

Bonatto toma como ponto de partida a relação de consumo, a qual define pelos sujeitos, objeto e elemento teleológico, demarcando o campo onde vicejam as cláusulas daninhas a relações contratuais equilibradas. Dimensiona o conceito de cláusula abusiva em amplitude maior do que a ilicitude, estabelecendo na boa-fé o traço lindeiro entre a validade e a invalidade, mas distingue a nulidade de pleno direito daquela que depende de rescisão, nada obstante sejam ambas absolutas. Com efeito, é flagrante que a transferência de responsabilidade para terceiros, a imposição ou de arbitragem ou de representante em cláusula-mandato (incisos III, VII e VIII do art. 51, CDC), carregam em si um prejuízo inexorável e visível imediatamente, o que já não ocorre com cláusulas que estabeleçam obrigações "iníquas", "desvantagem exagerada", ou que infrinjam normas ambientais ou que estejam em desacordo com o sistema de proteção ao consumidor (incisos IV, XIV e XV), situações que sempre exigirão verificação *in concreto*. Distingue assim as cláusulas que permitem invalidação pronta e imediata pelo juiz daquelas que comportam a mesma sanção por motivo de um aparente "exagero retórico do legislador", e demonstra que a consistente defesa que faz dos interesses dos consumidores não ofusca a visão crítica e o imprescindível apuro da consciência do jurista.

Apetrechado, Bonatto embrenha-se no emaranhado das cláusulas em espécie, fazendo a vasculha da formulação e dos efeitos perversos das disposições contratuais que lesam os consumidores. E conclui com um estudo sobre o controle das cláusulas abusivas, que classifica em modos administrativo e judicial, cada um subdividido em controle em abstrato e em concreto. O controle judicial em abstrato, de inegável importância e alcance, do qual foi um dos precursores, define como o pleito para "nulificar, indiscriminadamente, cláusulas constantes de formulário-padrão (utilizado para contratos de adesão ou condições gerais de contratação), estipuladas pelo fornecedor, sem que se tenha em conta casos concretos", cuja legitimidade localiza tão-somente no Ministério Público (forte no art. 51, § 4º, do CDC).

Mais não é preciso dizer para dar idéia da importância da monografia que vem a público, fruto da experiência concreta do autor como membro do Ministério Público, da sua dedicação à proteção dos consumidores, do seu contagiante entusiasmo pelo trabalho e da sua comprovada e ora exposta qualidade de jurista.

Porto Alegre, julho de 2001.

ADALBERTO PASQUALOTTO

Sumário

Introdução 13
1. Relação contratual e relação jurídica 17
   1.1. Conceito de relação jurídica 17
   1.2. Conceito de relação jurídica de consumo 18
     1.2.1. Elementos da relação jurídica de consumo 19
     1.2.2. Conceito de consumidor 19
     1.2.3. Extensão do conceito de consumidor 22
     1.2.4. Conceito de fornecedor 24
     1.2.5. O produto como objeto de relação de consumo .. 25
     1.2.6. O serviço como objeto de relação de consumo .. 27
   1.3. A relação contratual de consumo 28

2. Das cláusulas abusivas 33
   2.1. Conceito de cláusula abusiva 33
   2.2. A nulidade de pleno direito das cláusulas abusivas ... 36
   2.3. A proteção contra cláusulas abusivas como direito
        básico do consumidor 42
   2.4. O elenco exemplificativo das cláusulas abusivas 43

3. As cláusulas abusivas em espécie 47
   3.1. A abusividade das cláusulas limitativas de direitos
        do consumidor 47
     3.1.1. A cláusula de não-indenizar 48
     3.1.2. A cláusula de renúncia ou disposição de direitos ... 51
     3.1.3. A cláusula limitativa da indenização 52
     3.1.4. A cláusula de subtração da opção de reembolso da
            quantia paga 54
     3.1.5. A cláusula de transferência de responsabilidade
            a terceiros 57
     3.1.6. A cláusula de inversão prejudicial do ônus da prova . 58
     3.1.7. A cláusula de renúncia à indenização por benfeitorias
            necessárias 61

3.1.8. A cláusula em desacordo com o sistema de proteção
ao consumidor 63
3.1.8.1. A cláusula de eleição de foro 64
3.1.8.2. A cláusula de exclusão do risco de suicídio nos
contratos de seguro de vida 68
3.1.8.3. A cláusula de exclusão de determinadas doenças da
cobertura do seguro ou plano de saúde 71
3.2. A abusividade das cláusulas criadoras de vantagens
unilaterais ao fornecedor 74
3.2.1. A cláusula de opção exclusiva à conclusão do contrato   75
3.2.2. A cláusula de variação unilateral do preço 76
3.2.3. A cláusula de cancelamento unilateral do contrato .. 77
3.2.4. A cláusula de ressarcimento unilateral dos custos
de cobrança 84
3.2.5. A cláusula de modificação unilateral do contrato ... 85
3.3. A abusividade das cláusulas surpresa 88
3.3.1. A cláusula surpresa 89
3.3.2. A cláusula de utilização compulsória da arbitragem . 91
3.3.3. A cláusula de representante imposto 95
3.4. A cláusula geral da boa-fé 99
3.5. A cláusula possibilitadora de violação de normas
ambientais 105

**4. O controle das cláusulas abusivas nas relações
contratuais de consumo** 109
4.1. Controle administrativo 110
4.1.1. Controle administrativo em abstrato 115
4.1.2. Controle administrativo em concreto 118
4.2. Controle judicial 122
4.2.1. Controle judicial em abstrato 126
4.2.2. Controle judicial em concreto 131

Conclusão 137

Bibliografia 139

Índice onomástico 145
Índice analítico 147

Introdução

A Constituição Federal de 1988 erigiu a defesa do consumidor ao patamar de direito e garantia fundamental, bem como a princípio da ordem econômica. Ademais, através do Ato das Disposições Transitórias, determinou ao legislador a elaboração do Código de Defesa do Consumidor.

Com o advento do Estatuto Político Básico, complementado pelo Estatuto Consumerista, ocorreu profunda modificação no Direito Privado Pátrio, principalmente no que concerne às denominadas relações jurídicas de consumo, eis que excluídas do regime normativo do Direito Comum. Desse modo, os princípios contratuais derivados do liberalismo dos séculos XVIII e XIX, que tão fortemente influenciaram o Código Civil de 1916, estão a merecer do aplicador da lei nova interpretação e compreensão. O princípio *pacta sunt servanda* não tem mais a abrangência que lhe emprestou o Código Civil/1916 nem nas relações jurídicas entre iguais, o que dirá nas relações entre desiguais entabuladas, em regra, entre consumidores e fornecedores.

Diversas mitigações àqueles princípios são elencadas no Código de Defesa do Consumidor a começar pelo artigo 1°, o qual estabelece que as normas de proteção e defesa do consumidor são de ordem pública e interesse social, não podendo, em conseqüência, ser derrogadas pela vontade das partes, mesmo que confluentes. No artigo 4° e seus incisos são arrolados vários princípios, aplicáveis às relações jurídicas de consumo, importantíssimos não só para a interpretação das normas jurídicas como, também, para a organização da sociedade como um todo.

Do elenco dos direitos básicos do consumidor, constantes do artigo 6º, ressalta-se a busca da igualdade nas contratações e a proteção contra as cláusulas abusivas nas relações contratuais de consumo, com a modificação das que estabeleçam prestações desproporcionais ou sua revisão em razão de fatos supervenientes que as tornem excessivamente onerosas (incisos II, IV e V).

Destarte, podemos afirmar estar contido nas normas principiológicas citadas o fundamento para a interpretação das cláusulas contratuais de modo mais favorável ao consumidor, assim como do reconhecimento da nulidade de pleno direito das cláusulas contratuais abusivas.

Centramos o nosso estudo na busca da identificação de todas as questões relativas às cláusulas abusivas nas relações contratuais de consumo. Para tanto, partimos da análise da relação contratual (enquanto relação jurídica), a conceituação da relação de consumo (com os seus sujeitos, objeto e elemento teleológico) e a caracterização específica da relação contratual de consumo.

Na seqüência, examinamos as cláusulas abusivas, no que tange a sua conceituação, sistema de invalidades, sua repressão como direito básico do consumidor e sua configuração, no Estatuto Protetivo, em um rol meramente exemplificativo.

Após, analisamos as cláusulas abusivas em espécie (apontadas pela lei e, algumas, pela jurisprudência), iniciando pelas limitativas de direitos do consumidor, passando pelas criadoras de vantagens unilaterais ao fornecedor, as cláusulas surpresa, a cláusula geral da boa-fé, culminando com a análise da abusividade das cláusulas contratuais possibilitadoras de violação de normas ambientais.

Por fim, examinamos o controle das cláusulas abusivas nas relações contratuais de .consumo, desde o controle administrativo (em abstrato e em concreto), até o controle judicial (também em abstrato e em concreto).

Salientamos que os temas constantes do presente trabalho são tratados à luz da doutrina brasileira e, em parte, da estrangeira, naquilo que se mostra mais relevante, além de trazer a posição da jurisprudência sobre grande parte dos pontos tratados. Desse modo, temos a pretensão de contribuir para o debate criterioso e científico da matéria analisada, aceitando a crítica construtiva, a qual possibilitará, com certeza, a ampliação deste estudo, ora submetido à apreciação de todos aqueles que se interessam pelo Direito do Consumidor.

1. Relação contratual e relação jurídica

A relação contratual pode ser conceituada como o acordo de vontades que produz a relação jurídica obrigacional, porquanto em face deste instituto jurídico se entrelaçam, necessariamente, o acordo e a relação jurídica, a tal ponto que estes dois dados são qualificados doutrinariamente como os aspectos subjetivo e objetivo da mesma entidade jurídica.[1]

1.1. Conceito de relação jurídica

A palavra *relação* tem o significado de reciprocidade de ações entre pessoas, naturais ou não, podendo ser conceituada como sendo uma ligação ou vinculação.[2]

Contém, igualmente, a idéia de convivência interpessoal, sendo, em qualquer sentido, fundamental a noção de ação praticada pelos pólos de contato.

No campo fático, são inúmeras e variadas as vezes em que as pessoas se inter-relacionam, na maior parte sendo irrelevantes ao convívio social, coletivamente considerado. As relações relevantes à sociedade são erigidas à condição de relações jurídicas, servindo de

---
[1] Assim: GOMES, Orlando. *Contratos*. 18ª edição. Rio de Janeiro: Forense, 1998, p. 18/19.
[2] Nesse sentido: FERREIRA, Aurélio Buarque de Holanda. *Novo Aurélio Século XXI*. 3ª edição. Rio de Janeiro: Nova Fronteira, 1999, p. 1735.

paradigma de conduta a todos os integrantes do grupo social.[3]

Para a teoria clássica do Direito Privado, a relação jurídica é toda relação social que, sendo regulada pelo Direito, produz efeitos jurídicos. Destarte, podemos afirmar que a relação social somente se converte em relação jurídica no momento em que se subsumir ao modelo normativo estatuído pelo legislador.

Desse modo, a relação jurídica comporta dois requisitos. Primeiro, uma relação intersubjetiva, ou seja, uma relação entre duas ou mais pessoas. Segundo, que esta relação intersubjetiva seja qualificada normativamente de modo que, ocorrendo no plano fático a hipótese prevista na norma, dela derivem conseqüências jurídicas.[4]

Constata-se, assim, que toda relação jurídica compreende os sujeitos, que são as pessoas entre as quais se estabelece o vínculo obrigacional, e o objeto, que pode ser uma coisa, uma prestação ou a própria pessoa.

1.2. Conceito de relação jurídica de consumo

Inúmeras são as relações do mundo fático e os processos de adaptação social, sendo aquelas transformadas em relações jurídicas.

O mesmo fenômeno acontece no campo do Direito do Consumidor, quando o legislador destaca uma relação jurídica especial, denominando-a relação jurídica de consumo, segundo o preceituado no artigo 4º, *caput*, do Código de Defesa do Consumidor.[5]

---
[3] Assim já nos manifestamos: BONATTO, Cláudio e MORAES, Paulo Valério Dal Pai. *Questões Controvertidas no Código de Defesa do Consumidor*. 4ª edição. Porto Alegre: Livraria do Advogado, 2003, p. 59.
[4] Assim: AMARAL JÚNIOR, Alberto do. "A Abusividade da Cláusula Mandato nos Contratos Financeiros, Bancários e de Cartões de Crédito". *Revista de Direito do Consumidor*, volume 19. São Paulo: Revista dos Tribunais, Julho/Setembro – 1996, p. 148/160.
[5] Assim: BONATTO, Cláudio e MORAES, Paulo Valério Dal Pai. Ob. cit., p. 61.

Vislumbra-se, então, que o objeto de regulamentação do CDC é a relação de consumo, que é a relação jurídica existente entre consumidor e fornecedor, tendo como objeto a aquisição ou a utilização de produto ou serviço pelo consumidor.[6] Baseados em estudos mais aprofundados, podemos conceituar a relação jurídica de consumo como o vínculo que se estabelece entre um consumidor, destinatário final, e entes a ele equiparados, e um fornecedor profissional, decorrente de um ato de consumo ou como reflexo de um acidente de consumo, a qual sofre a incidência da norma jurídica específica, com o objetivo de harmonizar as interações naturalmente desiguais da sociedade moderna de massa.[7]

1.2.1. Elementos da relação jurídica de consumo

São elementos da relação de consumo, segundo o Estatuto Protetivo: a) como sujeitos: o consumidor e o fornecedor; b) como objeto: produto ou serviço; c) como finalidade, caracterizando-se como elemento teleológico das relações de consumo: a aquisição ou a utilização do produto ou serviço, por parte do consumidor, como destinatário final.[8]

1.2.2. Conceito de consumidor

O conceito *standard* de consumidor está previsto no artigo 2º, *caput*, do CDC como sendo toda pessoa física ou jurídica adquirente ou usuária de um produto ou serviço como destinatário final.

---
[6] Nesse sentido: NERY JÚNIOR, Nelson. *Código Brasileiro de Defesa do Consumidor*. 6ª edição. Rio de Janeiro: Forense Universitária, 1999, p. 429.
[7] Conforme posição já adotada: BONATTO, Cláudio e MORAES, Paulo Valério Dal Pai. Ob. cit., p. 63.
[8] Assim: NERY JÚNIOR, Nelson. Ob. cit., *CDC Comentado*, p. 430.

Este conceito básico é denominado, também, como consumidor *stricto sensu*, dando a entender ser a menor partícula conceitual da denominação.[9] A referência é relevante a fim de não ser confundida a designação com qualquer tentativa de restrição definitória, porquanto se constitui, apenas, em uma forma clara de distinguir os vários conceitos encontrados no CDC.

Inicialmente, importante esclarecer que existem duas correntes doutrinárias que divergem especificamente na conceituação de consumidor e, em conseqüência, na definição do campo de abrangência do Código de Defesa do Consumidor.

A primeira é a denominada corrente finalista, para a qual a expressão *destinatário final*, do artigo 2°, *caput*, deve ser interpretada de maneira restrita, estabelecendo que consumidor será somente aquele que fática e economicamente retira do mercado de consumo determinado produto ou serviço. Segundo esta interpretação teleológica, não basta ser destinatário fático do bem-da-vida; é necessário, também, ser destinatário final econômico do bem, ou seja, não adquiri-lo para revenda ou para uso profissional, pois ele seria novamente um instrumento de produção, um insumo, cujo preço será repassado ao mercado de consumo.

A segunda corrente é a denominada maximalista, para a qual o CDC é o novo regulamento do mercado de consumo brasileiro, instituindo regras e princípios para todos os agentes do mercado, os quais podem ocupar os papéis ora de fornecedores, ora de consumidores. Para esta corrente doutrinária, as normas protetivas aplicam-se a todas as pessoas jurídicas e aos profissionais liberais, mesmo quando agem como profissionais.[10]

Filiamo-nos à corrente dos finalistas, eis que, a toda evidência, o Código de Defesa do Consumidor se consti-

---

[9] Assim: MARQUES, Cláudia Lima. *Contratos no Código de Defesa do Consumidor*. 4ª edição. São Paulo: Revista dos Tribunais, 2002, p. 252.
[10] Veja, sobre o assunto: MARQUES, Cláudia Lima. Ob. cit., *Contratos no CDC*, p. 253/255.

tui em um microssistema jurídico que trata relações de desigualdade, devendo, neste aspecto, ser restrita sua aplicação, pois a ampliação da abrangência das normas protetivas, para a regulação de relações entre iguais, no caso, entre dois profissionais, ou entre dois não-profissionais, implicará inconstitucionalidade, na medida em que for ferido o princípio da igualdade previsto no artigo 5º, *caput*, da Constituição Federal.

Retornando aos aspectos específicos da conceituação do artigo 2º, *caput*, do CDC, verifica-se que o conceito *standard* pressupõe a existência de uma relação contratual, o que se depreende das expressões *adquirir* ou *utilizar*, porquanto nenhum agente econômico, proprietário do bem-da-vida, permitiria qualquer destas ações fora de um contrato.

Importante esta constatação inicial, pois o consumidor *stricto sensu*, constante da definição mencionada, será, de regra, sujeito das relações contratuais de consumo, objeto da presente análise.

Outra constatação é a de que consumidor *stricto sensu* pode ser tanto uma pessoa física, quanto jurídica, estando vinculada somente à configuração do requisito legal da destinação final, ou seja, consumidor é a pessoa que coloca um fim na cadeia de produção (destinatário final econômico), e não aquela que utiliza o bem-da-vida para continuar o ciclo econômico, ou seja, utiliza-o como insumo.

Ora, se aquele que vem a consumir o bem-da-vida, sendo o destinatário final ou o último elo da cadeia econômica, por não repassar os custos da aquisição ao mercado, é denominado consumidor, lógico seria que aquele que adquire o bem-da-vida como insumo, repassando os custos e, em conseqüência, sendo um elo intermediário da mesma cadeia, fosse denominado "insumidor".[11]

---

[11] Desse modo já nos manifestamos: BONATTO, Cláudio e MORAES, Paulo Valério Dal Pai. Ob. cit., p. 79.

1.2.3. Extensão do conceito de consumidor

O Código de Defesa do Consumidor abrange todas as possibilidades de proteção aos efetivamente consumidores, aos potencialmente consumidores e aos que sofrem reflexos de relações de consumo.

No parágrafo único do artigo 2º, o CDC apresenta a coletividade como equiparada ao consumidor individualmente considerado. Então, a coletividade recebe a mesma tutela outorgada ao consumidor *stricto sensu* definido no *caput* do mesmo dispositivo.

Partindo desta constatação, pode-se afirmar a existência de pressupostos específicos para a incidência da norma do parágrafo único do artigo 2º do CDC, ou seja, há a necessária existência de uma relação de consumo, nos moldes apontados anteriormente.

Destarte, a intervenção da coletividade nas relações de consumo só ocorrerá a partir do momento em que cada uma das pessoas haja intervindo, *per se*, na relação de consumo, na qualidade de destinatário final do produto ou do serviço.[12]

Constata-se, assim, que o dispositivo citado trata de situação concreta, na qual a coletividade, de alguma forma – cada um de seus integrantes adquirindo ou utilizando o produto ou serviço – haja intervindo nas relações de consumo.

Diferente, portanto, do estatuído no artigo 29 do CDC, pois nesta norma está prevista a situação em que a coletividade se encontra, potencialmente, na iminência de sofrer dano, não havendo a necessidade de efetiva intervenção em relação de consumo.

Assim, constata-se que o artigo 29 busca ampliar a conceituação do parágrafo único do artigo 2º, abarcando situações abstratas, no intuito de realizar um dos princi-

---

[12] Assim: DONATO, Maria Antonieta Zanardo. *Proteção ao Consumidor, Conceito e Extensão*. São Paulo: Revista dos Tribunais, 1993, p. 191.

pais objetivos do Código, que é a defesa preventiva do consumidor.[13] Podemos afirmar, então, que o consumidor é tanto aquele que adquire ou utiliza produto ou serviço (artigo 2º), como, igualmente, aqueles expostos às práticas previstas no Estatuto Protetivo (artigo 29). Vale dizer: pode ser visto concretamente (artigo 2º), ou abstratamente (artigo 29). Na primeira situação, é impositivo que haja ou esteja por haver aquisição ou utilização. Na segunda, o que se exige é a simples exposição à prática, mesmo não se conseguindo apontar, concretamente, um consumidor que esteja em vias de adquirir ou utilizar o produto ou serviço.[14]

Tal situação não se exige para a terceira extensão do conceito de consumidor inclusa no artigo 17 do CDC. Nesta, o requisito fundamental é que a pessoa seja vítima de um acidente de consumo, não se exigindo a existência da qualidade de destinatário final do bem-da-vida. É o caso do vizinho atingido na sua incolumidade física ou psíquica pela explosão de um botijão de gás. Nenhuma relação contratual possui com a empresa fornecedora do produto, sequer destinatário final daquele produto defeituoso pode ser considerado, mas, mesmo nestas circunstâncias, poderá ser beneficiário das normas protetivas do CDC.

Nesta última abordagem, é de ressaltar que a norma visa a equiparar determinadas pessoas a consumidores, ou seja, elas não seriam consumidores *stricto sensu*, mas, por integrarem o sistema, que busca ser harmonizado, recebem a proteção do Código e consumidores *lato sensu* são considerados.[15]

Constata-se, assim, a desnecessidade de qualquer vínculo contratual para fins de tutela contra os acidentes

---
[13] Nesse sentido, numa análise mais aprofundada: BONATTO, Cláudio e MORAES, Paulo Valério Dal Pai. Ob. cit., p. 83.
[14] Assim: BENJAMIN, Antônio Herman de Vasconcellos e. *Código Brasileiro de Defesa do Consumidor*. 6ª edição. Rio de Janeiro: Forense Universitária, 1999, p. 223/224.
[15] Assim: BONATTO, Cláudio e MORAES, Paulo Valério Dal Pai. Ob. cit., p. 85.

de consumo. Protege-se tanto o consumidor direto, o que adquiriu o produto ou serviço, como qualquer pessoa atingida pelo bem-da-vida. Nesta situação, inclui-se tanto o *bystander*, ou seja, o mero espectador, que é atingido pelo defeito, quanto o próprio dono de um supermercado que, ao inspecionar sua seção de enlatados, sofre ferimentos provocados pela explosão de um recipiente defeituoso.[16]

1.2.4. Conceito de fornecedor

A definição de fornecedor está contida no artigo 3º, *caput*, do CDC. Da análise do referido conceito, emana seu elemento básico, qual seja, o desenvolvimento de atividades de fabricação, de produção, de construção, de importação ou comercialização de produtos ou de prestação de serviços.

Atividade é a qualidade ou estado de ativo, ação, modo de vida ou profissão.[17]

Assim, para a configuração do fornecedor, é necessária a existência de ação, no sentido de ato tendente a alterar o estado das coisas, transferindo bens-da-vida de uma pessoa para outra, com profissionalidade, ou seja, através de um complexo de atos teleologicamente orientados, com continuidade e duração, dirigidos a um objetivo, com tendência a um resultado, constituindo-se em um comportamento orientado.

Dessa forma, atos jurídicos isolados não constituem atividade e, por conseguinte, não estão inseridos em relação de consumo.[18] [19]

---

[16] Estes exemplos são citados por: BENJAMIN, Antônio Herman de Vasconcellos e. *Comentários ao Código de Proteção do Consumidor*. São Paulo: Saraiva, 1991, p. 81.
[17] Segundo: FERREIRA, Aurélio Buarque de Holanda. Ob. cit., p. 224.
[18] Nesse sentido: LÔBO, Paulo Luiz Neto. "Contratos no Código do Consumidor: Pressupostos Gerais". *Revista de Direito do Consumidor*, volume 6. São Paulo: Revista dos Tribunais, Abril/Junho-1993, p. 134/141.
[19] Veja decisão do TJRGS, cuja ementa, publicada na RJTJRGS nº 172, p. 384/385, é a seguinte: "Civil. Compra e Venda de Veículo Usado. Defeito no

Importante a apreensão dos conceitos de consumidor e fornecedor para a compreensão da teleologia do CDC que é igualar os desiguais e não desigualar os iguais. Por isso, a tentativa do Estatuto Protetivo de igualar o consumidor ao fornecedor profissional, porquanto, na relação de consumo, eles são naturalmente desiguais, exatamente em razão do elemento profissionalidade, que contém as idéias de prevalência de conhecimentos técnicos, costume em realizar determinada atividade, reiteração e organização tendente à obtenção de um resultado finalístico lucrativo, por parte do agente econômico.

A compreensão das normas do Código de Defesa do Consumidor passa pelo entendimento de que seus destinatários se encontram descompassados na sociedade, e a consecução do primado da igualdade implica tratamento direcionado à diminuição desta dessemelhança. Sob esta ótica, aceitam-se regras aparentemente contraditórias com a Constituição, por privilegiarem certa classe de sujeitos, quando, em realidade, estão inseridas em uma moderna noção de igualdade, como conteúdo da lei expressa ou como critério direto de valoração constitucional aplicável casuisticamente.[20]

1.2.5. O produto como objeto de relação de consumo

Toda relação possui, necessariamente, um objeto, que é a motivação para a ocorrência da reciprocidade de ações.

Motor. Vício Redibitório. Pedido de Indenização. Código do Consumidor. Fornecedor. Inteligência do art. 3º do CDC – Na falta de comprovação de que o defeito apresentado no motor do veículo, depois da tradição, era preexistente à aquisição, não procede pedido de indenização pelas despesas com o conserto. A simples alienação de veículo usado não caracteriza a figura do fornecedor a que alude o Código de Defesa do Consumidor. Fornecedor é aquele que se dedica à prática reiterada de atividades de comercialização de produtos. Recurso desprovido." (Apelação Cível 594119703 – 5ª Câmara Cível – Santa Maria – Rel. Des. Maria Isabel de Azevedo Souza – Julgada em 30.03.95).
[20] Assim: SILVA, Luís Renato Ferreira da. "O Princípio da Igualdade e o Código de Defesa do Consumidor". *Revista de Direito do Consumidor*, volume 8. São Paulo: Revista dos Tribunais, Outubro/Dezembro – 1993, p. 146/156.

A relação de consumo pode ter como objeto um produto ou um serviço.

A definição de produto está contida no artigo 3º, § 1º, do CDC, sendo qualquer bem, móvel ou imóvel, material ou imaterial. Esta definição é bastante clara, salientando-se um dado fundamental, que é a desnecessidade do requisito da remuneração, ao contrário do que ocorre com o serviço, para que o produto seja considerado como objeto de relação jurídica de consumo.

Bem, em uma definição clássica, é toda coisa relevante para o Direito, tendo valor econômico. Nesta acepção, produto é toda coisa que, por ter valor econômico, entra no campo jurídico, sendo objeto de cogitação, pelo homem, quando parte integrante de relação jurídica.[21]

Assim, podemos afirmar que bens móveis são aqueles que podem ser removidos de um lugar para outro, por movimento próprio ou remoção por força alheia. Desse modo, fica evidenciado que os semoventes se enquadram na definição legal, podendo, em conseqüência, ser considerados produtos consumíveis, na acepção econômica e não meramente fática, o que vem a reforçar a tese da corrente finalista, vista anteriormente, de que consumidor, no sentido estrito, é o destinatário final econômico, ou seja, o que arca com os custos da aquisição do bem-da-vida, não os repassando ao mercado de consumo.

No que concerne aos bens imóveis, entendemos não existir maior problema conceitual, eis que devidamente definidos nos artigos 79, 80 e 81 do Código Civil/2002.

Os bens materiais igualmente não trazem maiores dificuldades de entendimento, pois, apesar de não se encontrarem definidos na lei, podem ser compreendidos quando contrapostos aos bens imateriais.

Por sua vez, os bens imateriais são os insuscetíveis de serem apreendidos, pesados ou medidos, por não serem palpáveis, embora possam ser avaliados economi-

---

[21] Nesse sentido: CRETELLA JÚNIOR, José. *Comentários ao Código do Consumidor*. Rio de Janeiro: Forense, 1992, p. 14.

camente. São exemplos as obras expostas em galerias de arte, a diversão oferecida pelas casas de espetáculos, os jogos de futebol, o crédito, etc. Em todas estas situações não se configura qualquer tipo de ocorrência de consumo na acepção literal da palavra, que comumente induz à noção de gasto, destruição, corrosão, em suma, no sentido de extinção. Emerge, isto sim, o conceito de satisfação de uma necessidade da pessoa, que é dado fundamental para a caracterização precisa da definição de bem imaterial.[22]

Em conclusão, qualquer bem pode ser considerado produto, desde que vise à satisfação de uma necessidade de pessoa, e, conseqüentemente, seja objeto de relação jurídica de consumo.

1.2.6. O serviço como objeto de relação de consumo

Serviço, segundo o disposto no artigo 3º, § 2º, do CDC, é qualquer atividade fornecida no mercado de consumo, mediante remuneração. Do conceito emerge o elemento fundamental, que é a remuneração. Porém, não porque está explicitada a exigência da remuneração, a qual entendemos ser um reforço conceitual, mas sim, porque sendo o serviço qualquer atividade é lógico afirmar-se advir de um profissional, porquanto, como vimos anteriormente, atividade significa um complexo de atos direcionados a determinado objetivo, no caso com fim de obtenção de resultado finalístico lucrativo, típica ação de empresário ou de empresa, conforme expressamente mencionado nos artigos 966 e 982, respectivamente, do Código Civil/2002.

A remuneração, por sua vez, pode ser direta ou indireta. Esta acontece, invariavelmente, quando o agente econômico realiza atos promocionais, aparentemente gratuitos, com o objetivo de atrair clientela. Neste caso, podemos afirmar a existência da remuneração, apesar

---
[22] Assim: BONATTO, Cláudio e MORAES, Paulo Valério Dal Pai. Ob. cit., p. 95.

de ser indireta. Tal acontece, por exemplo, no chamado passe-livre no transporte coletivo de Porto Alegre, no último domingo do mês. A remuneração não ocorre diretamente, mas os usuários pagam indiretamente, porque o número de passageiros é computado para fins de estipulação da planilha de custos, a qual repercute na tarifa cobrada nos dias restantes do mês.

O requisito da remuneração é primordial à caracterização do serviço, como objeto de relação de consumo.[23]

Destarte, na remuneração, como sinalagma da relação de consumo, não estão inseridos os tributos em geral, nestes incluindo-se as taxas, porquanto caracterizadores de relações de natureza tributária.[24] Não se confunda, porém, referidos tributos com as tarifas, estas, sim, inseridas no contexto dos serviços, como, por exemplo: o fornecimento de serviços de água, luz, telefone, gás, etc. Tais serviços, por serem prestados diretamente pelo órgão público ou mediante concessão ou permissão à iniciativa privada, são denominados serviços públicos.[25] Frise-se que estes serviços estão elencados entre os princípios gerais da atividade econômica, conforme expressa o artigo 175 e seu parágrafo único da Constituição Federal, o que demonstra que o Estado, neste caso, preenche os requisitos contidos no artigo 3º, *caput*, do CDC, para ser considerado fornecedor. Diferentemente ocorre na situação em que o Estado exerce o poder de tributar, pois neste está ínsito o *jus imperium*, e não o exercício de atividade econômica estatal.[26]

---

[23] Ver, nesse sentido, a Súmula nº 145 do STJ, *verbis*: "No transporte desinteressado, de simples cortesia, o transportador só será civilmente responsável por danos causados ao transportado quando incorrer em dolo ou culpa grave."
[24] Assim, em excelente análise: AZEVEDO, Fernando Costa de. *Defesa do Consumidor e Regulação*. Porto Alegre: Livraria do Advogado, 2002, p. 92/95.
[25] Assim: FILOMENO, José Geraldo Brito.*Código Brasileiro de Defesa do Consumidor*. 6ª edição. Rio de Janeiro: Forense Universitária, 1999, p. 45.
[26] Nesse sentido: BONATTO, Cláudio e MORAES, Paulo Valério Dal Pai. Ob. cit., p. 99/111.

1.3. A relação contratual de consumo

Contrato, numa concepção clássica, é o negócio jurídico bilateral ou plurilateral que envolve pelo menos duas pessoas, cujo objetivo é o de criar, modificar, resguardar, transferir ou extinguir uma relação jurídica de natureza patrimonial.

Esta concepção, nascida com o liberalismo econômico, contrapôs-se às limitações originadas do direito canônico e das corporações de ofício, surgindo como um dos corolários básicos da Revolução Francesa, no sentido da liberdade contratual. Tudo que as pessoas contratassem seria considerado como lei entre elas (*pacta sunt servanda*).

O resultado dessa teoria contratual clássica era o absoluto respeito pela liberdade e pela igualdade formal, porquanto se entendia ser, cada pessoa, o melhor juiz de seus interesses.

Estas premissas, aos poucos, mostraram-se equivocadas e, com o advento da Revolução Industrial e dos abusos cometidos pelos particulares, bem como incentivado pelo advento das doutrinas socialistas, o Estado obrigou-se a intervir na economia, acabando por alterar significativamente aquela concepção contratual clássica.[27]

Hodiernamente, em função de uma nova visão do princípio da autonomia da vontade, operou-se a distinção entre liberdade para contratar e liberdade contratual. Aquela referindo-se à faculdade de a pessoa vincular-se juridicamente, e esta, à possibilidade de pactuar livremente as cláusulas contratuais.

Na sociedade moderna, a liberdade contratual passou a ser unilateral, pois, via de regra, a parte economicamente mais forte impõe à outra as condições da

---

[27] Assim: POPP, Carlyle. "A Nova Visão Contratual: O Código de Defesa do Consumidor e a Lei do Inquilinato". *Revista de Direito do Consumidor*, volume 23-24. São Paulo: Revista dos Tribunais, Julho/Dezembro – 1997, p. 238/256.

contratação, deixando-lhe apenas a alternativa entre "pegar ou largar" (*take it or leave it*).[28] Desse modo, fácil constatar que as modificações na concepção liberal do contrato decorreram da necessidade de que o princípio da autonomia da vontade não fosse utilizado como forma disfarçada de consagrar o poder do forte sobre o fraco, pois, conforme a clássica formulação de Lacordaire, "entre o forte e o fraco é a liberdade que escraviza e a lei que liberta".[29]

Preservar a igualdade real das partes é função inafastável do Estado, em toda a contratação, decorrente da aplicação do princípio da isonomia, o qual, como regra de justiça, significa que se devem tratar os iguais de modo igual e os desiguais de modo desigual.[30]

Dessa análise deflui a razão da edição de estatutos de proteção ao consumidor, pois, sem dúvida, na sua relação com os agentes econômicos verifica-se uma flagrante desigualdade, no sentido do desconhecimento técnico e científico do consumidor, no que tange aos bens-da-vida colocados no mercado de consumo.

No ordenamento jurídico pátrio, a promoção da defesa do consumidor, por parte do Estado, é um direito e garantia fundamental da pessoa (artigo 5º, inciso XXXII, da Constituição Federal), além de constituir-se em princípio da ordem econômica (artigo 170, inciso V, da Constituição Federal).

Cientificamente, podemos afirmar estar contido nestas normas principiológicas o fundamento para a interpretação das cláusulas contratuais de modo mais favorável ao consumidor (artigo 47 do CDC), bem como do reconhecimento da nulidade de pleno direito das cláusulas contratuais abusivas (artigo 51, e seus incisos, do CDC), em consonância, aliás, com a melhor doutrina,

---

[28] Nesse sentido: PASQUALOTTO, Adalberto. "Defesa do Consumidor". *Revista dos Tribunais*, volume 658. São Paulo: Revista dos Tribunais, Agosto/1990, p. 52/72.
[29] *Apud*: PASQUALOTTO, Adalberto. Ob. cit., p. 53.
[30] Assim: BOBBIO, Norberto. *Igualdade e Liberdade*. 2ª edição. Rio de Janeiro: Ediouro Publicações, 1997, p. 20.

a qual afirma que, a uma norma constitucional, deve ser atribuído o sentido que maior eficácia lhe dê e, no âmbito dos direitos fundamentais, no caso de dúvida, deve preferir-se a interpretação que reconheça maior eficácia aos direitos fundamentais.[31] A partir desta nova concepção, humanista e solidária, reconhece-se a necessidade de intervenção do Estado, através de soluções legislativas, administrativas e judiciais, para que os contratos de massa, em particular os que envolvam relações de consumo, se conformem ao bem comum, aos princípios essenciais da justiça e da ordem pública, com o objetivo de recompor o equilíbrio entre as partes no âmbito do interesse social.[32]

---

[31] Nesse sentido: CANOTILHO, José Joaquim Gomes. *Direito Constitucional e Teoria da Constituição*. 3ª edição. Coimbra, Portugal: Livraria Almedina, 1999, p. 1149.
[32] Assim: STIGLITZ, Gabriel. "O Direito Contratual e a Proteção Jurídica do Consumidor". *Revista de Direito do Consumidor*, volume 1. São Paulo: Revista dos Tribunais, Março/1992, p. 184/199.

2. Das cláusulas abusivas

O Estatuto Consumerista admite todas as formas de contratação para a validade do negócio jurídico de consumo, desde o contrato verbal, escrito, por correspondência ou de adesão, até os comportamentos socialmente típicos relativos à utilização dos serviços públicos de fornecimento de energia elétrica, água, telefone, gás e transportes, bem como os serviços privados fornecidos através dos denominados caixas eletrônicos, por exemplo.

A implementação dessas formas de contratação em massa é levada a efeito através da estandardização contratual, na qual o instrumento viabilizador do negócio jurídico é preestabelecido por um dos contratantes, no caso o fornecedor. Esta característica enseja ao agente econômico desleal estipular cláusulas que ampliam ilicitamente seus direitos e limitam suas obrigações, ao mesmo tempo que restringem direitos do consumidor e impõe-lhe ônus que não encontra justificação na economia do contrato.

2.1. Conceito de cláusula abusiva

A massificação dos contratos e a complexidade técnica utilizada na elaboração de novos tipos contratuais permitem e incentivam a inclusão de cláusulas abusivas nos contratos.

Apesar de muito utilizada na doutrina e na jurisprudência atual, a expressão *cláusula abusiva* não é definida pelo Código de Defesa do Consumidor, que optou por: indicar a abusividade em casos expressos (artigo 53, por exemplo); deixar sua determinação a cargo da jurisprudência (através de cláusulas gerais, como a do artigo 51, inciso IV); ou presumir a abusividade em alguns casos (lista exemplificativa do artigo 51).[33]

A Lei Uruguaia n° 17.189, relativa às relações de consumo, no artigo 30, dispõe que "é abusiva, por seu conteúdo ou por sua forma, toda cláusula que determine claros e injustificados desequilíbrios entre os direitos e obrigações dos contratantes em prejuízo dos consumidores, assim como toda aquela que viole a obrigação de atuar de boa-fé ...".

Da análise desse dispositivo da Lei Uruguaia verifica-se que a definição da abusividade segue tanto o caminho de uma aproximação subjetiva, conectando a abusividade com a figura do abuso de direito (coibindo o uso malicioso ou desviado das finalidades sociais do poder concedido ao agente econômico para a elaboração do contrato), quanto uma aproximação objetiva, pois conecta a abusividade com paradigmas modernos, como a boa-fé objetiva (cujo elemento principal é o resultado objetivo que causa a conduta do agente econômico, o prejuízo sofrido objetivamente pelo consumidor, o desequilíbrio resultante da cláusula imposta e a falta de razoabilidade ou comutatividade do exigido no contrato).[34]

Na interpretação do Estatuto Consumerista Brasileiro, parte da doutrina sugere como sinônimas de cláusulas abusivas as expressões *cláusulas opressivas*, *cláusulas vexatórias*, *cláusulas onerosas* ou *cláusulas excessivas*, concentrando-se, claramente, nos efeitos objetivos das cláusulas.[35] Apartando, incisivamente, os institutos do abuso de direito e as cláusulas abusivas,

---

[33] Assim: MARQUES, Cláudia Lima. Ob. cit. *Contratos no CDC*, p. 767/768.
[34] Ver excelente análise de: MARQUES, Cláudia Lima. Ob. cit. *Contratos no CDC*, p. 768.
[35] Nesse sentido: NERY JÚNIOR, Nelson. Ob. cit. *CDC Comentado*, p. 489.

afirma ser abusiva a cláusula notoriamente desfavorável ao consumidor (considerado vulnerável na relação de consumo, por expressa disposição do artigo 4°, inciso I, do CDC), não se restringindo aos contratos de adesão, mas a todo e qualquer contrato de consumo, escrito ou verbal.[36] O abuso pressupõe a existência do direito, concluindo-se que a atividade inicial é lícita. Tornar-se-á ilícito, o resultado decorrente do uso excessivo, irregular ou lesionante do exercício do direito, o que ofende ao ordenamento jurídico.

Desse modo, podemos afirmar que o conceito de cláusula abusiva é mais amplo do que o de cláusula ilícita, pois pode haver cláusula lícita que seja ao mesmo tempo abusiva, na medida em que provoque, concretamente, um desequilíbrio contratual, com vantagem exclusiva do agente econômico, como, por exemplo, a cláusula que autoriza tanto o fornecedor, como o consumidor, ou seja, bilateralmente, a cancelar o contrato firmado.[37] É lícita, segundo a exegese do artigo 51, inciso XI, do CDC, porém pode ser abusiva, na medida em que, pela duração do contrato (o longo tempo decorrido), o consumidor tenha se tornado cativo na contratação. Tal situação é perfeitamente factível nos contratos de planos de saúde, em que o consumidor, após renovar e pagar regiamente, por trinta anos, contrai uma doença grave, passa a utilizar a cobertura contratual, e, na época da nova renovação, é surpreendido com o aviso de cancelamento do contrato por parte do fornecedor. O cancelamento pode parecer lícito, pois não contrário à lei. Porém, é abusiva a cláusula, na medida em que fere o princípio da boa-fé objetiva.

No direito comparado e na exegese do Estatuto Consumerista Brasileiro, a tendência pós-moderna é a

---

[36] Assim: NERY JÚNIOR, Nelson. Ob. cit. *CDC Comentado*, p. 489.
[37] Ver: TOMASETTI JÚNIOR, Alcides. "Aspectos da Proteção Contratual do Consumidor no Mercado Imobiliário Urbano. Rejeição das Cláusulas Abusivas pelo Direito Comum". *Revista de Direito do Consumidor*, volume 2. São Paulo: Revista dos Tribunais, Junho/1992, p. 52/66.

conexão da abusividade das cláusulas contratuais a um paradigma objetivo, em especial ao princípio da boa-fé objetiva; observando mais o seu efeito, seu resultado e não tanto repreender uma atuação maliciosa, subjetiva. Esta é a melhor solução em uma sociedade de relações massificadas, na qual não se pode conceber que uma cláusula seja abusiva porque utilizada por um grande conglomerado econômico, e não-abusiva, a mesma cláusula, se utilizada por uma microempresa, em contratos celebrados com um mesmo consumidor.[38]

Nesse sentido dispõe a Diretiva 93/13/CEE, da Comunidade Econômica Européia, em seu artigo 3º: "Uma cláusula contratual que não tenha sido objeto de negociação individual é considerada abusiva quando, a despeito da exigência de boa-fé, der origem a um desequilíbrio significativo em detrimento do consumidor, entre os direitos e obrigações das partes decorrentes do contrato".[39]

2.2. A nulidade de pleno direito das cláusulas abusivas

O Código de Defesa do Consumidor, ao tratar da invalidade das cláusulas concernentes às relações contra-

---

[38] Assim: MARQUES, Cláudia Lima. Ob. cit. *Contratos no CDC*, p. 774.

[39] Ver decisão do TJRGS, cuja ementa, publicada na *Revista de Direito do Consumidor*, volume 33, p. 300/301, é a seguinte: "A exclusão das conseqüências das doenças crônicas da cobertura do contrato, praticamente deixaram a segurada, pessoa sem grandes conhecimentos, fora de qualquer cobertura, tendo em vista a sua abrangência inespecífica. Por igual, a ausência de explicação conceitual, ao nível do *homo medius*, do verdadeiro significado de doença crônica, também conduz à iniqüidade da cláusula e a torna abusiva. Não se compreende que num contrato como o que assinam os segurados da Golden Cross, não são esclarecidos estes pontos importantes que dizem respeito à abrangência das exclusões de cobertura. A inespecificidade e a falta de conceito tornam a cláusula passível de anulabilidade, a teor do art. 115 do CC. Tal dispositivo encontra redação mais clara e moderna no art. 51, inc. IV, do CDC, mas ambos buscam praticamente o mesmo escopo, que é o de proteger uma das partes da relação contratual contra o arbítrio da outra. Apelo provido." Ap. Cív. 598.427.227, 5ª CC, j. 08.04.1999, Rel. Des. Carlos Alberto Bencke.

tuais de consumo, é expresso no sentido de que: "Art. 51. São nulas de pleno direito, entre outras, as cláusulas contratuais relativas ao fornecimento de produtos e serviços que: (...)." Esta norma aponta uma lista de cláusulas, ditas abusivas, de modo exemplificativo, o que se deduz da expressão "entre outras". Também da cláusula geral da boa-fé, constante do inciso IV, bem como da norma de fechamento do sistema referida no inciso XV, que nulifica toda cláusula contratual que esteja em desacordo com o sistema de proteção ao consumidor.

Parte da doutrina afirma que o mencionado artigo 51 do CDC não instituiu um novo sistema de nulidades, diferente do estatuído no Código Civil, porquanto apenas exagerou na terminologia ao referir-se à nulidade de pleno direito, pois trata de nulidade *tout court*,[40] não tendo a referida norma inovado nesse aspecto.[41]

De outra parte, a doutrina sustenta que as nulidades possuem um sistema próprio dentro do Estatuto Consumerista, merecendo, em conseqüência, um tratamento microssistêmico, próprio das relações contratuais de consumo.[42]

No Direito Comum, estatuído pelo Código Civil, a doutrina majoritária divide, normalmente, as invalidades em nulidades e anulabilidades. Aquelas, também denominadas de nulidades absolutas, estas, denominadas nulidades relativas (arts. 166 a 184 do Código Civil/2002). Apesar de tecnicamente o sentido mais adequado de absolutividade e de relatividade encontrar-se referenciado aos limites subjetivos da eficácia,[43] expressa o

---

[40] Assim: AGUIAR JÚNIOR, Ruy Rosado de. Estudos sobre a Proteção do Consumidor no Brasil e no Mercosul. Coordenação de Cláudia Lima Marques. *Cláusulas Abusivas no Código do Consumidor*. Porto Alegre: Livraria do Advogado, 1994, p. 13/32.
[41] Assim: DALL'AGNOL JÚNIOR, Antônio Janyr. Estudos sobre a Proteção do Consumidor no Brasil e no Mercosul. Coordenação de Cláudia Lima Marques. *Cláusulas Abusivas: a opção brasileira*. Porto Alegre: Livraria do Advogado, 1994, p. 33/46.
[42] Nesse sentido: NERY JÚNIOR, Nelson. Ob. cit. *CDC Comentado*, p. 490/492.
[43] Assim: MIRANDA, Pontes de. *Tratado das Ações*, Tomo IV. São Paulo: Revista dos Tribunais, 1973, p. 64.

legislador do Código Civil, com estes termos, a extensão da legitimidade para alegar as mencionadas invalidades. É costume definir-se as nulidades com algumas características que lhes seriam próprias. Assim, seriam elas insanáveis e irratificáveis (artigo 168, parágrafo único, do Código Civil/2002); alegáveis por qualquer interessado (artigo 168, *caput*, do Código Civil/2002); decretáveis de ofício (artigo 168, parágrafo único, do Código Civil/2002); dispensam ação específica, podendo ser decretadas *incidenter tantum* (artigo 168, parágrafo único, do Código Civil/2002); imprescritíveis; e sem efeito (artigo 169 do Código Civil/2002). A partir destas características, pode-se fazer a distinção com as anulabilidades, as quais seriam: sanáveis e ratificáveis (artigo 172 do Código Civil/2002); alegáveis somente pelos interessados (artigo 177 do Código Civil/2002); decretáveis apenas mediante provocação (artigo 177 do Código Civil/2002); prescritíveis; e produtoras de efeitos até a sua decretação. Esta distinção, porém, clássica na doutrina, não é absolutamente rígida, porquanto há casos de nulidades não decretáveis de ofício (artigo 1.562 do Código Civil/2002, por exemplo), ou excepcionalmente sanáveis (artigo 1.560, inciso II, do Código Civil/2002) pelo decurso do tempo.[44]

    Legislação antecedente ao Código Civil/1916, mais precisamente o Regulamento nº 737, de 25.11.1850, dividia as nulidades em absolutas e relativas, conforme alegáveis por todos os interessados ou prejudicados, ou somente pelas pessoas que a lei teve como objetivo proteger ao instituir a invalidade. Subdividia cada uma das duas espécies citadas em nulidade de pleno direito e nulidade dependente de rescisão (também conhecida, esta, como nulidade *tout court* ou nulidade dependente de julgamento), segundo fosse, respectivamente, a invalidade visível pelo próprio instrumento ou passível de

---

[44] Ver: SILVA, Luís Renato Ferreira da. "Cláusulas Abusivas: Natureza do Vício e Decretação de Ofício". *Revista de Direito do Consumidor*, volume 23-24. São Paulo: Revista dos Tribunais, Julho/Dezembro – 1997, p. 122/139.

prova literal, ou dependesse, sua comprovação, de alguma investigação de fato, restando o ato válido em aparência enquanto não desconstituído. A legislação imperial citada não só distinguia claramente as duas categorias de invalidades, como reconhecia, expressamente, no artigo 687, que a nulidade relativa poderia ser tanto de pleno direito como dependente de rescisão. Do mesmo modo, no artigo 689, fazia referência às nulidades absolutas de pleno direito, deixando subentendida a existência das nulidades absolutas dependentes de rescisão.[45]

No Direito Comum vigente, restou vedada a ocorrência de nulidade relativa de pleno direito. Porém, é prevista tanto a nulidade absoluta *tout court*, quanto a nulidade absoluta de pleno direito. Por definição, a nulidade de pleno direito é aquela cominada a vício descrito com precisão matemática pela lei, ou seja, de vício manifesto, visível pelo próprio instrumento ou por prova literal; por essa razão, ao juiz é admitido dela conhecer independentemente de provocação. Já a nulidade dependente de rescisão, ou dependente de julgamento, não dispensa a propositura de demanda específica, porquanto necessária a investigação fática para ser comprovada e apurada a sua existência.

A rigor, portanto, no Direito Comum, distinguem-se três ordens de nulidades, quais sejam: a nulidade absoluta *tout court*, ou dependente de rescisão; a nulidade absoluta de pleno direito; e a nulidade relativa ou anulabilidade. A nulidade absoluta *tout court* e a nulidade relativa dependem de iniciativa da parte interessada (e do Ministério Público, no caso de nulidade absoluta, nos termos do disposto no artigo 168, *caput*, do Código Civil/2002), com a propositura da ação específica, eis que, nos termos do artigo 168, parágrafo único, do Código Civil/2002, o juiz decretará de ofício somente as

---

[45] Assim, em excelente análise: BECKER, Anelise. "A Natureza Jurídica da Invalidade Cominada às Cláusulas Abusivas pelo Código de Defesa do Consumidor". *Revista de Direito do Consumidor*, volume 21. São Paulo: Revista dos Tribunais, Janeiro/Março – 1997, p. 117/131.

nulidades absolutas de pleno direito, o que se deduz da expressão "as encontrar provadas", indicativa de vício manifesto, visível pelo próprio instrumento ou por prova literal.[46]

É pacífico o entendimento doutrinário, no sentido de que a nulidade de pleno direito, constante dos artigos 51 e 53 do Código de Defesa do Consumidor, configura uma nulidade absoluta, não só por se tratar de modalidade cominada, segundo o disposto no artigo 166, inciso VII, do Código Civil/2002 (aplicável ao CDC, por expressa disposição de seu artigo 7º, *caput*), mas, também, levando-se em consideração o caráter de tutela, "de ordem pública e interesse social", constante do artigo 1º do CDC.

Não obstante, a invalidação da cláusula não contaminará as demais, isentas de vício, permanecendo íntegro o contrato, a não ser que a ausência daquela, apesar dos esforços de integração realizados pelo juiz, acarrete ônus excessivo a qualquer das partes, ou seja, tanto ao consumidor quanto ao fornecedor, segundo o disposto no artigo 51, § 2º, do CDC.

O Estatuto Consumerista, no artigo 51, prevê uma lista de cláusulas abusivas, às quais comina, genericamente, a sanção de nulidade de pleno direito.

Porém, as diversas situações retratadas exigem um tratamento específico, porquanto em várias hipóteses, efetivamente, o vício é manifesto, visível a partir do próprio instrumento contratual, configurando nulidades de pleno direito, porque pronunciadas pela lei e, pela natureza das coisas, suscetíveis de prova imediata e literal, como, por exemplo, as apontadas nos incisos III, VII e VIII, que prevêem, respectivamente, a transferência de responsabilidade a terceiros, a utilização compulsória de arbitragem e a imposição de representante para concluir ou realizar outro negócio jurídico pelo consumidor. Em outras, o emprego da expressão "nulidade de pleno direito" mais parece um exagero retórico do legislador, eis que comina uma invalidade que, por

---
[46] Ver: DALL'AGNOL JÚNIOR, Antônio Janyr. Ob. cit., p. 37.

definição, independe do exame de provas, a casos em que isto é imprescindível, como os elencados, por exemplo, nos incisos IV, XIV e XV, que prevêem, respectivamente, obrigações iníquas, que colocam o consumidor em desvantagem exagerada, cláusulas que infrinjam ou possibilitem a violação de normas ambientais, ou que estejam em desacordo com o sistema de proteção ao consumidor. Nestas situações, a invalidade não é visível a partir do próprio instrumento de contratação ou de prova literal. Ao revés, exigem, para o seu reconhecimento, o confronto de provas e exame das circunstâncias da celebração do contrato, aproximando-se mais do antigo conceito de nulidade dependente de rescisão, ou nulidade *tout court*, em que há a necessidade de ação específica para a sua desconstituição ou retirada do mundo jurídico. Isto, porém, não elimina a feição absoluta da nulidade, que remanesce por força do estatuído no artigo 166, inciso VII, do Código Civil/2002, que prevê como absoluta toda nulidade cominada.[47]

Em conclusão, tanto a nulidade absoluta de pleno direito, quanto a nulidade absoluta dependente de rescisão, ou *tout court*, não prescindem de manifestação judicial. Porém, a de pleno direito pode ser reconhecida e decretada, de ofício, pelo juiz, mesmo sem alegação do interessado e em qualquer ação. Ao revés, a *tout court* ou dependente de rescisão necessita da provocação do interessado, ou do Ministério Público, em ação própria, a fim de comprovar o vício intrínseco e oculto maculador do ato. Em ambas as situações, a sentença judicial que pronuncia a nulidade é desconstitutiva e produz efeitos *ex tunc*, ou seja, retroage à data da celebração do contrato.

A ação constitutiva negativa correspondente é perpétua (ou imprescritível), eis que não há a previsão de prazo especial para o seu exercício, fixado em lei.[48]

---

[47] Nesse sentido: BECKER, Anelise. Ob. cit., p. 125/127.
[48] Assim: AMORIM FILHO, Agnelo. "Critério Científico Para Distinguir a Prescrição da Decadência e Para Identificar as Ações Imprescritíveis". *Revista dos Tribunais*, volume 744. São Paulo: Revista dos Tribunais, Outubro/1997, p. 725/750.

2.3. A proteção contra cláusulas abusivas como direito básico do consumidor

Um dos direitos básicos do consumidor, insculpidos no Estatuto Consumerista, é o da proteção contra as cláusulas abusivas ou impostas nas relações contratuais de consumo, conforme o disposto no artigo 6º, inciso IV, do CDC. Essa proteção é um dos mais importantes instrumentos de defesa do consumidor, tanto no que se refere aos contratos de adesão, como aos concluídos com base em cláusulas contratuais gerais e, também, aos contratos paritários ou de comum acordo.

A repressão às cláusulas abusivas funda-se no repúdio à situação de desequilíbrio, via de regra existente entre os sujeitos da relação jurídica de consumo, eis que o consumidor (não-profissional) não tem conhecimento técnico-jurídico sobre as regras de contratação, enquanto o agente econômico (o fornecedor), como profissional, tem aquele conhecimento, ou socorre-se de terceiro que o tenha. A teleologia do Código do Consumidor parte da premissa e da realidade de que os sujeitos são desiguais, e, reconhecida *ex lege* essa desigualdade, necessária se faz a proteção do consumidor.

Desse modo, o reconhecimento da proteção contra cláusulas abusivas, nas relações contratuais de consumo, como direito básico do consumidor, como comando normativo, tem origem no princípio da isonomia, na busca de uma igualdade substancial, real e efetiva, e não a meramente formal, preconizada pela doutrina dos séculos XVIII e XIX.

Nunca é demais afirmar que, no Brasil, a promoção da defesa do consumidor, por parte do Estado, é um direito e garantia fundamental da pessoa que preencher os requisitos legais para assim ser considerada, segundo dispõe o artigo 5º, inciso XXXII, da Constituição Federal. Importante esta constatação, porquanto, segundo a melhor doutrina, ao instaurar-se a dúvida na exegese das normas jurídicas (princípios e regras) respeitantes às relações de consumo, deve preferir-se a interpretação que reconheça maior eficácia aos direitos fundamentais.[49]

Assim, a proteção do consumidor contra cláusulas abusivas tem como escopo estabelecer o equilíbrio nas contratações, a fim de oportunizar que o contrato cumpra sua função social de fazer circular a riqueza, sem se configurar um prejuízo individualizado no consumidor vulnerável e, conseqüentemente, um lucro indevido ao fornecedor.[50]

2.4. O elenco exemplificativo das cláusulas abusivas

O sistema tradicional do Direito Comum, no que concerne às nulidades, é um sistema taxativo, o que se verifica da análise do artigo 166 do Código Civil/2002.

Tal situação é perfeitamente factível a partir do pressuposto de que as relações jurídicas reguladas pelo Código Civil têm origem na idéia de liberdade, porquanto os sujeitos contratantes são substancialmente iguais. Desse modo, procura-se resguardar ao máximo o negócio jurídico celebrado com base na autonomia da vontade, desde que, nos limites da função social do contrato, segundo o disposto no artigo 421 do Código Civil/2002.

Essa liberdade de contratação é restringida pelo sistema do Código de Defesa do Consumidor, tendo em vista sua utilização na obtenção de contratações, no contexto social, lesivas aos interesses dos consumidores.

O Estatuto Consumerista, partindo da idéia e da realidade de que os sujeitos da relação jurídica de consumo são desiguais, estabelece como regra, em rol meramente exemplificativo, ou em *numerus apertus*, o que se deduz da expressão "entre outras", do artigo 51, *caput*, inúmeras nulidades cominadas. Essa constatação

---
[49] Nesse sentido: CANOTILHO, José Joaquim Gomes. Ob. cit., p. 1.149.
[50] Assim: MORAES, Paulo Valério Dal Pai. *O Princípio da Vulnerabilidade no Código de Defesa do Consumidor*. Porto Alegre: Síntese, 1999, p. 215.

emerge, também, da análise exegética das normas do inciso IV (indisfarçável cláusula geral), bem como do inciso XV (verdadeira regra de fechamento de sistema), ambas do artigo 51 do CDC.

Algumas hipóteses definidas nos incisos do artigo 51 o são com verdadeira precisão matemática, ou seja, a nulidade é visível pelo próprio instrumento de contratação ou por prova literal. Por demandarem mínimos esforços interpretativos, são denominadas nulidades de pleno direito, nas quais o controle é denominado legal, por prescindir de valoração maior do julgador.[51] Como já mencionamos, neste caso, a nulidade pode ser decretada *ex officio* e não há a necessidade da propositura de demanda específica.

Outras situações contêm conceitos vagos ou indeterminados. Apesar da denominação "nulidade de pleno direito", em verdade tratam da nulidade *tout court*, ou dependente de rescisão, em que não se dispensa a propositura de ação específica para a sua decretação. Por isso, afirma a doutrina que o controle é precipuamente jurisdicional, porquanto é outorgado um poder de maior calibre ao julgador na aferição e constatação da nulidade.

É difícil, em muitos casos, a distinção entre uma norma minuciosa e outra com conceitos vagos, pois o número de elementos do comando normativo pode ser muito variado, inviabilizando, assim, um limite entre elas.

Normas compostas de elementos minuciosos de definição de conduta atendem à segurança jurídica, no sentido de maior previsibilidade. Ao revés, normas com menos elementos definitórios respondem a um maior anseio de justiça por implicarem maior poder ao julgador.[52]

---

[51] Assim: ALVIM, Arruda. "Cláusulas Abusivas e seu Controle no Direito Brasileiro". *Revista de Direito do Consumidor*, volume 20. São Paulo: Revista dos Tribunais, Outubro/Dezembro – 1996, p. 25/70.
[52] Nesse sentido: ALVIM, Arruda. Ob. cit., *Revista de Direito do Consumidor*, volume 20, p. 57.

O Código de Defesa do Consumidor, no artigo 51, *caput*, comina de nulidade diversas hipóteses. Ao referir-se a "entre outras", dentre as quais há conceitos vagos, insere uma margem deliberada de insegurança e imprevisibilidade relativas. Assim, constata-se que o sistema de nulidades é amplo, ou seja, é um sistema *numerus apertus* de nulidades.

Acentua-se esse amplo espectro de *numerus apertus* com a norma do inciso IV, na qual se alude a conceitos vagos e indeterminados, como iniquidade e abusividade, ou incompatibilidade com a boa-fé ou a eqüidade. Também, em função da norma do inciso XV, que prevê serem nulas as cláusulas que "estejam em desacordo com o sistema de proteção ao consumidor", o que envolve, além do Código de Defesa do Consumidor, outras leis, mesmo que posteriores ao Estatuto Protetivo, desde que integrantes do sistema, como, por exemplo, a Lei de Economia Popular, Lei Antitruste, Lei de Crimes Contra a Ordem Econômica, etc.[53]

---

[53] Assim: ALVIM, Arruda. Ob. cit., *Revista de Direito do Consumidor*, volume 20, p. 59.

3. As cláusulas abusivas em espécie

Ao contrário da Lei Alemã de 1976, sobre as cláusulas contratuais, na qual são previstas duas listas, uma de cláusulas sempre consideradas ineficazes (lista negra do § 11) e outra de cláusulas que podem ser consideradas ineficazes pelo julgador (lista cinza do § 10), além da cláusula geral de proibição de cláusulas contrárias à boa-fé e que criem desvantagem exagerada (§ 9º), o Código Brasileiro de Defesa do Consumidor instituiu a proteção contra cláusulas abusivas em apenas uma lista, cominando-as, como já visto, com a nulidade de pleno direito, em um rol meramente exemplificativo. A cláusula geral de proibição às cláusulas contrárias à boa-fé encontra-se no inciso IV do artigo 51.[54]

Esta lista de cláusulas consideradas abusivas, apesar de exemplificativa, é bem específica, podendo ser dividida em três grandes grupos, os quais analisaremos a seguir.

3.1. A abusividade das cláusulas limitativas de direitos do consumidor

O consumismo exacerbado, com a conseqüente massificação das relações contratuais, cujos instrumentos passaram, via de regra, a ser pré-elaborados unilateralmente pelos agentes econômicos, ocasionaram um substancial desequilíbrio nas relações contratuais enta-

---
[54] Ver: MARQUES, Cláudia Lima. Ob. cit., *Contratos no CDC*, p. 779/780.

buladas entre consumidores e fornecedores, o que veio a exigir do Estado uma ação protetora ao pólo vulnerável da relação, que é o consumidor.

Desse modo, o Código de Defesa do Consumidor, para dar eficácia plena ao direito fundamental à defesa da pessoa-consumidor (artigo 5º, inciso XXXII, da Constituição Federal), tem como objetivo reequilibrar as relações de consumo, harmonizando os interesses dos sujeitos e compatibilizando a proteção do consumidor com a necessidade de desenvolvimento econômico e tecnológico, de modo a viabilizar os princípios nos quais se funda a ordem econômica (artigo 4º, inciso III, do CDC).

A metodologia empregada pelo Estatuto Protetivo foi a de assegurar aos consumidores uma série de direitos, arrolados no artigo 6º. A norma deste artigo não é meramente programática. Ao revés, é de aplicação cogente, porquanto, intimamente relacionada ao princípio fundamental da defesa do consumidor. Os direitos nela previstos são disciplinados e assegurados nas demais normas do Código, podendo-se afirmar que, de modo reflexo, o CDC impõe aos fornecedores uma série de deveres específicos, quando da elaboração dos instrumentos contratuais, dentre eles, obviamente, o respeito aos direitos do consumidor, os quais não podem ser limitados, mesmo com a conjugação de vontades, e muito menos afastados na sua integralidade.[55] Por isso, o reconhecimento da abusividade de algumas cláusulas, as quais passamos a analisar.

3.1.1. A cláusula de não-indenizar

Anteriormente à vigência do Código de Defesa do Consumidor, a jurisprudência já se mostrava contrária à inserção da cláusula de não-indenizar nos contratos de

---

[55] Assim: MARQUES, Cláudia Lima. "Novas Regras sobre a Proteção do Consumidor nas Relações Contratuais". *Revista de Direito do Consumidor*, volume 1. São Paulo: Revista dos Tribunais, Março/1992, p. 27/54.

transporte, entendimento que deu origem à Súmula 161 do Supremo Tribunal Federal, que dispõe: "Em contrato de transporte, é inoperante a cláusula de não-indenizar". Também, com base no artigo 1.284 do Código Civil/1916, considerava ineficaz a declaração unilateral do hoteleiro no sentido da sua não-responsabilização pelo furto de bagagens dos hóspedes de seu hotel. O Código Civil/2002, no que concerne ao contrato de transporte, é expresso, no artigo 734, *caput*, no sentido de que "o transportador responde pelos danos causados às pessoas transportadas e suas bagagens, salvo motivo de força maior, *sendo nula qualquer cláusula excludente da responsabilidade*". (grifou-se). Quanto ao furto de bagagens em hotéis, é expresso o Código Civil/2002, no artigo 649 e seu parágrafo único, que "aos depósitos previstos no artigo antecedente é equiparado o das bagagens dos viajantes ou hóspedes nas hospedarias onde estiverem". E que "os hospedeiros responderão como depositários, assim como pelos furtos e roubos que perpetrarem as pessoas empregadas ou admitidas nos seus estabelecimentos".

As cláusulas de não-indenizar são instituídas com o objetivo de permitir a um dos sujeitos contratantes subtrair-se às conseqüências patrimoniais advindas de um fato cuja responsabilidade a ele é atribuível. Trata-se de uma declaração de vontade expressa no sentido de modificar os efeitos legais que se produziriam na ausência dessa estipulação.[56]

No âmbito do Direito Comum, sustenta-se que a cláusula de não-indenizar somente se perfectibilizará se contar com o consentimento expresso dos sujeitos do contrato e correspondendo a uma vantagem paralela a ser obtida pelo outro contratante, como por exemplo no contrato de transporte, no qual a cláusula de não-indenizar somente seria eficaz se correspondesse a uma redu-

---

[56] Assim: AMARAL JÚNIOR, Alberto do. "A Invalidade das Cláusulas Limitativas de Responsabilidade nos Contratos de Transporte Aéreo". *Revista de Direito do Consumidor*, volume 26. São Paulo: Revista dos Tribunais, Abril/Junho – 1998, p. 9/17.

ção do preço em favor do que despachou o produto. Mesmo no Direito Comum é salientado que a exclusão contratual do dever de indenizar não pode ferir a ordem pública.

Desse modo, o Código de Defesa do Consumidor, que estabelece, como já mencionado, normas de ordem pública e interesse social, não poderia permitir, como não permite, a estipulação de cláusula contratual permissiva da exoneração do dever de indenizar.

Assim, o artigo 51, inciso I, do CDC, dispõe serem nulas de pleno direito as cláusulas que impossibilitem, exonerem ou atenuem a responsabilidade por vícios de qualquer natureza dos produtos ou serviços, ou que impliquem renúncia ou disposição de direitos. Este dispositivo deve ser analisado em consonância com o estatuído no artigo 25, *caput*, do Estatuto Protetivo, que dispõe ser vedada a estipulação contratual de cláusula que impossibilite, exonere ou atenue a obrigação de indenizar previstas nas órbitas da responsabilidade civil pelo descumprimento do dever de proteção à saúde e segurança dos consumidores (artigos 8º ao 10), pelos acidentes de consumo (artigos 12 ao 17) e pelos incidentes de consumo (artigos 18 ao 25). A órbita de proteção à saúde e segurança dos consumidores consagra a obrigação do fornecedor de informar acerca dos produtos e serviços colocados no mercado de consumo, especialmente em relação à periculosidade e nocividade que venham a apresentar. A órbita de proteção do consumidor quanto aos acidentes de consumo visa, fundamentalmente, à tutela da integridade físico-psíquica dos consumidores. Já a órbita de proteção quanto a incidentes de consumo tem como objetivo proteger a esfera meramente econômica do consumidor.

Conseqüentemente, toda e qualquer cláusula que contenha óbice ao dever legal de indenizar atribuído ao fornecedor é abusiva e, portanto, nula de pleno direito, sendo ilegítima sua inclusão nas relações contratuais de consumo.

3.1.2. A cláusula de renúncia ou disposição de direitos

A mencionada norma do artigo 51, inciso I, do CDC também comina de nulidade de pleno direito as cláusulas contratuais ou de condições gerais de contratação que impliquem renúncia ou disposição de direitos por parte do consumidor.

Tal situação decorre do princípio da irrenunciabilidade de direitos, através do qual, ao consumidor, não é permitido renunciar a direito assegurado pela lei, mesmo que esta seja a sua vontade, porquanto as normas disciplinadoras das relações contratuais de consumo têm caráter cogente, não podendo, em conseqüência, ter sua incidência afastada por vontade dos contratantes.

O consumidor, como beneficiário de normas legais, cuja natureza é "de ordem pública e interesse social" (artigo 1º do CDC), pode renunciar apenas de fato ao seu direito, ou seja, através do não-exercício da ação correspondente, porém não está, em qualquer circunstância, vinculado à cláusula contratual que preveja sua renúncia a direitos assegurados pelo sistema de proteção, mesmo que a ela tenha aderido com sua livre e espontânea vontade.

Como todas as normas do Estatuto Protetivo são de ordem pública e interesse social, não se empresta validade às cláusulas de renúncia ou disposição de direitos, por parte do consumidor, em razão de tal situação ensejar a quebra do equilíbrio contratual, o que contraria a teleologia do CDC (artigo 4º, inciso III).

Por derradeiro, é importante frisar que são nulas de pleno direito todas as cláusulas contratuais ou de condições gerais de contratação, que estipulem a renúncia ou disposição, por parte do consumidor, a direitos assegurados pelo sistema de proteção ao vulnerável, ou seja, inclusive direitos assegurados no Código Civil, por força do artigo 7º, *caput*, do CDC. Desse modo, conjugando-se o disposto nos artigos 476 e 477 do Código Civil/2002 com os princípios elencados no Código de Defesa do Consumidor, conclui-se que a cláusula estipuladora de renúncia do consumidor ao exercício da *exceptio non adimpleti contractus* ou da *exceptio non rite adimpleti contractus* é abusiva, sendo cominada como nula de pleno direito e, em conseqüência, não obrigando o consumidor.[57]

3.1.3. A cláusula limitativa da indenização

Continuando na análise da norma do artigo 51, inciso I, do CDC, verificamos, em uma interpretação a *contrario sensu*, serem nulas de pleno direito, igualmente, as cláusulas limitativas da indenização ao consumidor-pessoa física, bem como ao consumidor-profissional liberal, porquanto a norma retromencionada somente excepcionou a limitação contratual da indenização nas relações de consumo firmadas entre o fornecedor e o consumidor-pessoa jurídica e, mesmo assim, em situações justificáveis, as quais, logicamente, deverão ser analisadas pelo julgador, quando do enfrentamento do caso concreto.

Desse modo, no que tange ao consumidor-pessoa física e ao consumidor-profissional liberal aplica-se a norma do artigo 6°, inciso VI, do CDC, a qual é taxativa no sentido de ser direito básico do consumidor a efetiva reparação dos danos por ele sofridos, adotando, por conseguinte, o princípio indenizatório da *restitutio in integrum*. Assim, não haveria efetiva reparação se ao consumidor se atribuísse apenas parte dos prejuízos que sofreu, a título de indenização.[58] [59]

---

[57] Nesse sentido: NERY JÚNIOR, Nelson. Ob. cit., *CDC Comentado*, p. 496/497.
[58] Adotando esse entendimento: NERY JÚNIOR, Nelson. "Os Princípios Gerais do Código Brasileiro de Defesa do Consumidor". *Revista de Direito do Consumidor*, volume 3. São Paulo: Revista dos Tribunais, Setembro/Dezembro – 1992, p. 44/77.
[59] Nesse sentido: Acórdão do 1° Gr. Cam. Cív. do TACivRJ – AR 63/95, Rel. Juiz Mello Tavares, j. 26.09.96, cuja ementa está assim redigida: "Obrigação de a transportadora ressarcir o dano, salvo se provar culpa exclusiva do consumidor ou de terceiro. Responsabilidade objetiva caracterizada à luz do art. 14, § 3°, I, da Lei 8.078, de 11.09.1990 (Código do Consumidor), aplicável à espécie, excluída a limitação tarifária estabelecida na Convenção de Varsóvia".

Nesse momento, entendemos cabível analisar o porquê da colocação do consumidor-profissional liberal na mesma situação do consumidor-pessoa física, frente à nulidade das cláusulas contratuais ou de condições gerais de contratação, referentes às relações de consumo. A razão é técnico-científica e de hermenêutica, eis que uma norma excepcional, como a do artigo 51, inciso I, *in fine*, que abre exceção à norma retromencionada do artigo 6º, inciso VI, que prevê a integralidade da indenização ao consumidor, como já visto, somente pode ser interpretada dentro da sua excepcionalidade, ou seja, a indenização só poderá ser limitada, em situações justificáveis, quando o consumidor for pessoa jurídica, e não quando for pessoa física ou profissional liberal, que, a toda evidência, não é pessoa jurídica.

Esse entendimento estriba-se no artigo 6º da antiga Lei de Introdução ao Código Civil, o qual, consolidando o preceito clássico *exceptiones sunt strictissimae interpretationis* (interpretam-se as exceções estritissimamente), dispunha que "a lei que abre exceção a regras gerais, ou restringe direitos, só abrange os casos que especifica".[60]

Podemos afirmar, igualmente, que a mencionada norma do artigo 51, inciso I, *in fine*, do CDC, é restritiva de direitos do consumidor-pessoa jurídica e, como tal, só abrange as situações explicitadas, ou seja, a indenização poderá ser limitada, mas em casos justificáveis, os quais deverão ficar provados na análise do caso concreto, pelo julgador. Nesse particular, constata-se que a lei, implicitamente, reconhece que o consumidor-pessoa jurídica encontra-se em melhores condições para a defesa de seus interesses do que o consumidor-pessoa física e o consumidor-profissional liberal, o que justificaria a inserção, em determinadas situações, de cláusula contratual limitadora da responsabilidade do fornecedor pelos vícios dos produtos ou serviços colocados no mercado de consumo.[61]

---

[60] Nesse sentido: MAXIMILIANO, Carlos. *Hermenêutica e Aplicação do Direito.* 9ª edição. Rio de Janeiro: Forense, 1981, p. 225.
[61] Ver: AMARAL JÚNIOR, Alberto do. *Comentários ao Código de Proteção do Consumidor.* São Paulo: Saraiva, 1991, p. 196.

Em conclusão, a presunção de vulnerabilidade do consumidor somente será absoluta (artigo 4°, inciso I, do CDC) nas relações de direito material em que estejam presentes uma pessoa física ou um profissional liberal no pólo protegido pelo Estatuto Consumerista. Será relativa a presunção de vulnerabilidade, ou seja, analisada no caso concreto pelo julgador, quando o consumidor for uma pessoa jurídica.[62]

3.1.4. A cláusula de subtração da opção de reembolso da quantia paga

É expresso o artigo 51, inciso II, do CDC, no sentido da nulidade de pleno direito das cláusulas contratuais que "subtraiam ao consumidor a opção de reembolso da quantia paga, nos casos previstos neste Código". Também, o artigo 53, *caput*, ao considerar "nulas de pleno direito as cláusulas que estabeleçam a perda total das prestações pagas em benefício do credor que, em razão do inadimplemento, pleitear a resolução do contrato e a retomada do produto alienado", nos contratos de compra e venda de móveis ou imóveis mediante pagamento em parcelas, bem como nas alienações fiduciárias em garantia.

Além desta disposição do artigo 53, o Estatuto Consumerista, em diversos dispositivos, garante ao consumidor o direito ao reembolso da quantia já paga. Desse modo, cláusula que, eventualmente, disponha em sentido contrário é abusiva e, portanto, nula de pleno direito, nos termos da retromencionada regra do artigo 51, inciso II, do CDC.

Segundo a melhor doutrina, coerente com o princípio, já mencionado, de que a interpretação de normas jurídicas, princípios ou regras, atinentes a direitos fundamentais, como o da defesa do consumidor (artigo 5°, inciso XXXII, da Constituição Federal), deva ser no

---
[62] Nesse sentido já nos manifestamos: BONATTO, Cláudio e MORAES, Paulo Valério Dal Pai. Ob. cit. p. 79/81.

sentido da maior eficácia ao direito fundamental, a regra do artigo 51, inciso II, do CDC há de ser conectada à do artigo 51, inciso XV, que dispõe serem nulas de pleno direito as cláusulas contratuais que "estejam em desacordo com o sistema de proteção ao consumidor". Assim, a interpretação deve ser no sentido de serem nulas de pleno direito não somente as cláusulas contratuais que subtraiam a opção de reembolso da quantia já paga, nos casos previstos no CDC, mas, sim, de todas as cláusulas contratuais que subtraiam a opção de reembolso da quantia já paga, nos casos previstos no sistema de proteção ao consumidor.[63]

Diversos dispositivos do Estatuto Consumerista garantem ao consumidor o direito ao reembolso da quantia já paga, como, por exemplo: O artigo 18, § 1º, inciso II, que disciplina a responsabilidade civil do fornecedor pelos vícios de qualidade por inadequação, ou pelos incidentes de consumo, ao determinar que, não sendo sanado o vício no prazo previsto, pode o consumidor exigir a imediata restituição da quantia paga, monetariamente atualizada, sem prejuízo de eventuais perdas e danos.

Também o artigo 19, inciso IV, que disciplina a responsabilidade civil do fornecedor de produto, pelos vícios de quantidade, ao estabelecer que o consumidor pode exigir a restituição imediata da quantia paga, monetariamente atualizada e sem prejuízo de eventuais perdas e danos.

Da mesma forma, o artigo 20, inciso II, sobre a responsabilidade civil do fornecedor de serviço com vício de qualidade por inadequação, ao estipular que o consumidor pode exigir a restituição imediata da quantia paga, monetariamente atualizada, sem prejuízo de eventuais perdas e danos.

Na mesma linha, o disposto no artigo 35, inciso III, que regula a responsabilidade civil do fornecedor pela

---

[63] Nesse sentido: ALVIM, Arruda. Ob. cit., *Revista de Direito do Consumidor*, volume 20, p. 60.

recusa ao cumprimento da oferta (como pré-contrato), outorgando ao consumidor o direito a rescindir o contrato, com a restituição da quantia eventualmente antecipada, monetariamente atualizada, e perdas e danos.

Assim, também, o artigo 49, parágrafo único, ao disciplinar o direito de arrependimento, no prazo de reflexão de até sete dias, quando a contratação ocorrer fora do estabelecimento comercial, determina que os valores eventualmente pagos pelo consumidor, a qualquer título, serão devolvidos de imediato, monetariamente atualizados, na hipótese de ser exercitado o direito de arrependimento por parte do consumidor.

Em conclusão, quer se trate o produto de bem imóvel, a construir ou construído, ou de bem móvel, semovente ou não-semovente, como, ainda, de serviço, com vício de qualidade por inadequação, ou vício de quantidade, é nula de pleno direito a cláusula contratual que subtraia ao consumidor o direito à opção de reembolso da quantia já paga, nos casos previstos no sistema de proteção ao consumidor, ou a cláusula contratual que estabeleça a perda total das parcelas pagas, em benefício do fornecedor, no caso de ser pleiteada a resolução do contrato e a retomada do produto alienado, em razão de inadimplemento, nos contratos relativos à compra e venda de móveis ou imóveis.

Nessa linha de entendimento, tem-se posicionado o Superior Tribunal de Justiça.[64]

---
[64] Assim: REsp. nº 99.440-SP, 4ª T., j. 15.10.1998, Rel. Min. Sálvio de Figueiredo Teixeira, DJU 14.12.1998 – "Nula é a cláusula que prevê a perda das prestações pagas de um compromisso de compra e venda avençado na vigência da Lei 8.078/90, podendo a parte inadimplente requerer a restituição do *quantum* pago, com correção monetária desde cada desembolso. Por outro lado, autoriza-se a retenção de parte dessas importâncias, atendendo às circunstâncias do caso concreto, em razão do descumprimento do contrato". Também: REsp. nº 60.563-6-SP, 3ª T., j. 12.09.1995, Rel. Min. Waldemar Zveiter, DJU 27.11.1995 – "Na exegese dos artigos 51 e 53 do Código do Consumidor são abusivas as cláusulas que, em contrato de natureza adesiva, estabeleçam, rescindido este, tenha o promissário que perder as prestações pagas, sem que do negócio tenha auferido qualquer vantagem. Inviável na via do Especial discutir dedução de quantias a título de despesas arcadas pelo promitente quando repelidas nas instâncias ordinárias por envolver reexame de provas".

3.1.5. A cláusula de transferência de responsabilidade a terceiros

A transferência da responsabilidade, que *ex lege* é do fornecedor do produto ou do serviço, por danos causados ao consumidor, a terceiros, configura um desequilíbrio e a conseqüente quebra da harmonia que deve prevalecer nas relações de consumo, eis que dificulta ao consumidor a obtenção do direito a que faz jus.

Procurando facilitar ao máximo a percepção dos direitos do consumidor, judicial ou extrajudicialmente, coerente com a teleologia do Estatuto Consumerista, dispõe o artigo 51, inciso III, do CDC, serem nulas de pleno direito "as cláusulas contratuais relativas ao fornecimento de produtos e serviços que: transfiram responsabilidade a terceiros".

A repelência a este tipo de cláusula prende-se à constatação de que a relação jurídica de consumo verifica-se entre o fornecedor e o consumidor, que dela são sujeitos. Portanto, eles devem suportar os ônus e obrigações decorrentes daquela contratação, incluído entre elas, logicamente, o dever de indenizar. O consumidor não tem qualquer relação jurídica com terceiro que, eventualmente, venha a ser designado pela cláusula como sujeito do dever de indenizar.[65]

Esta situação é bastante comum nos contratos relacionados a "pacotes turísticos", nos quais a operadora dos serviços contratada, via de regra, procura transferir responsabilidades a terceiros, com os quais o consumidor não manteve qualquer relação, como por exemplo: a transferência de responsabilidade ao transportador aéreo, por qualquer atraso de vôo; ao hotel, por qualquer deficiência do serviço de hotelaria; e ao transportador terrestre, ou ao guia turístico, pelo não-cumprimento do programa turístico propriamente dito.

---

[65] Nesse sentido: NERY JÚNIOR, Nelson. Ob. cit., *CDC Comentado*, p. 499.

A jurisprudência, de modo exemplar, tem repelido esta prática comercial causadora de grave desequilíbrio na relação contratual de consumo.[66] Importante esclarecer que, se houver contrato de seguro entre o fornecedor e seguradora, é possível o chamamento ao processo desta, em benefício do consumidor, que, juntamente com o fornecedor, terá a seguradora, como devedora solidária, segundo o disposto no artigo 101, inciso II, do CDC. Para essa hipótese, vale a regra do artigo 265 do Código Civil/2002, bem como a do artigo 80 do Código de Processo Civil, por expressa disposição legal. A incidência do artigo 80 do CPC afasta a hipótese, que seria cabível no Direito Comum, da denunciação da lide (artigos 70 e seguintes, do CPC), vedada, expressamente, pelo disposto no artigo 88 do Código de Defesa do Consumidor.[67]

3.1.6. A cláusula de inversão prejudicial do ônus da prova

As regras da distribuição do encargo probatório no Código de Defesa do Consumidor podem ser explicitadas da seguinte forma: a) incumbe ao consumidor, como fato constitutivo do seu direito, a prova de seu dano e a prova do nexo de causalidade entre o dano e o produto ou serviço que adquiriu ou utilizou; b) incumbe ao fornecedor, como fato impeditivo, modificativo ou extintivo do direito do consumidor, a prova de que não

---

[66] Assim: Ap. Civ. n° 773.550-2, 4ª Câm. do 1° TACivSP, j. 17.03.1999, Rel. Juiz Rizzatto Nunes, publicado na RT-769, p. 240/244, cuja ementa está assim redigida: "Na aquisição de 'pacotes de viagem', a relação jurídica de consumo principal é aquela estabelecida entre o consumidor e a agência/operadora, razão pela qual é considerada parte legítima para integrar o pólo passivo de ação indenizatória, visando a reparação de danos por atraso de vôo fretado, juntamente com a companhia aérea, se houve garantia de dia e horário de embarque e de volta, acomodações, passeios, etc., pois a empresa responsável pela montagem do 'pacote' responde pelo que garantiu juntamente com os demais prestadores de serviço, em razão da solidariedade existente entre os ofertantes".
[67] Nesse sentido: ALVIM, Arruda. Ob. cit., *Revista de Direito do Consumidor*, volume 20, p. 60.

colocou o produto no mercado, a prova da inexistência do vício de qualidade (por insegurança ou inadequação) do produto ou do serviço ou a prova da culpa exclusiva do consumidor ou de terceiro (exegese das normas previstas nos artigos 12, § 3º, e 14, § 3º, do CDC, também aplicável aos incidentes de consumo, segundo a melhor doutrina).[68] Esta atribuição de encargo probatório ao agente econômico é denominada pela doutrina e pela jurisprudência de inversão do ônus da prova *ope legis*, ou por força da lei. Como matéria de direito pode ser reconhecida em qualquer fase processual, inclusive em grau de recurso.

É direito básico do consumidor, por sua vez, a facilitação da defesa de seus direitos, inclusive com a inversão do ônus da prova, a seu favor, quando for verossímil a sua alegação ou quando for ele considerado hipossuficiente, a critério do juiz, segundo as regras ordinárias da experiência (artigo 6º, inciso VIII, do CDC). É lógico que esta inversão, denominada pela doutrina e jurisprudência de inversão do ônus da prova *ope judici*, ou por ato do juiz,[69] refere-se ao encargo probatório originariamente do consumidor, ou seja, a prova de seu dano e a prova do nexo causal entre o dano e o produto ou serviço que adquiriu ou utilizou. Como a matéria é fática, porquanto o magistrado só inverterá o ônus da prova se entender verossímil a afirmação do consumidor ou considerá-lo hipossuficiente, em decisão fundamentada, sob pena de nulidade (artigo 93, inciso IX, da Constituição Federal), esta inversão só poderá ocorrer até o início da fase instrutória do processo, sob pena de contrariar os princípios fundamentais da ampla

---

[68] Assim já nos manifestamos: BONATTO, Cláudio e MORAES, Paulo Valério Dal Pai. Ob. cit. p. 139/140.
[69] Nesse sentido: Acórdãos prolatados no Agravo de Instrumento nº 596244111, 6ª Câmara Cível do TJRGS, Rel. Des. Osvaldo Stefanello, j. 18.03.97, publicado na Revista de Jurisprudência do TJRGS nº 182, p. 236/239, e na Apelação Cível nº 593133416, 6ª Câmara Cível do TJRGS, Rel. Des. Adroaldo Furtado Fabrício, j. 16.11.93, publicado na Revista de Jurisprudência do TJRGS nº 163, p. 393/397.

defesa e do contraditório, previstos no artigo 5°, inciso LV, da Constituição Federal.[70][71]

Feita esta análise, torna-se bastante clara a norma do artigo 51, inciso VI, do CDC, a qual dispõe serem nulas de pleno direito as cláusulas contratuais que "estabeleçam inversão do ônus da prova em prejuízo do consumidor".

No que tange à inversão do ônus da prova *ope judici*, ou por ato do juiz, esta, como visto, é elencada como direito básico do consumidor (artigo 6°, inciso VIII, do CDC). Desse modo, a inversão do ônus probatório, em prejuízo do consumidor, equivaleria a verdadeira renúncia, através de estipulação contratual, a direito reconhecido por norma de ordem pública e interesse social (artigo 1° do CDC), o que não é possível nem no Direito Comum. Ademais, a renúncia ou disposição de direitos, como visto anteriormente, quando da análise do artigo 51, inciso I, do CDC, por si só, já ensejaria a nulidade absoluta, de pleno direito, daquela cláusula.

Quanto à inversão do ônus da prova *ope legis*, ou por força da lei, mais clara a percepção do reconhecimento da nulidade, eis que estipulação contratual não pode dispor sobre aspectos de ordem estritamente processual, sem o correspondente permissivo legal. E não se diga que o artigo 333, parágrafo único, do Código de Processo Civil (aplicável ao CDC, por força do disposto no artigo 90), interpretado a *contrario sensu*, permite a distribuição convencional do ônus da prova, de forma

---

[70] Nesse sentido: MORAES, Voltaire de Lima. "Anotações Sobre o Ônus da Prova no Código de Processo Civil e no Código de Defesa do Consumidor". *Revista de Direito do Consumidor*, volume 31. São Paulo: Revista dos Tribunais, Julho/Setembro – 1999, p. 63/69.
[71] Também: Acórdão prolatado na Ap. Cív. 194110664, 4ª Câm. Cív. do TARGS, j. 18.08.94, Rel. Juiz Márcio Oliveira Puggina, publicado na *Revista de Direito do Consumidor*, volume 14, p. 114/115. São Paulo: Revista dos Tribunais, cuja ementa dispõe: "Inversão do ônus da prova. Necessidade de expressa determinação judicial. Quando, a critério do juiz, configurar-se a hipótese de inversão do ônus da prova, nos termos do artigo 6°, VIII, do CDC, sob pena de nulidade, é mister a prévia determinação à parte, em desfavor de quem se inverte o ônus, para que prove o fato controvertido. A inversão, sem esta cautela processual, implicará em surpresa e cerceamento de defesa".

diversa da estipulada naquele Estatuto Processual Civil, eis que este também nulifica a convenção quando recair sobre direito indisponível da parte ou quando tornar excessivamente difícil a uma parte o exercício do direito. Ora, a toda evidência, os casos de inversão do ônus da prova *ope legis*, previstos no Estatuto Consumerista, visam a facilitar o reconhecimento do direito do consumidor.

Quando o Código de Defesa do Consumidor estipula que a prova é ônus do fornecedor, como, por exemplo, nas hipóteses previstas nos artigos 12, § 3º, 14, § 3º, e 38, atribuída por normas de ordem pública, estas não podem ser derrogadas por convenção das partes.

Igualmente, são proibidas as cláusulas de inversão do ônus da prova que projetem a certeza ou refutabilidade da existência ou inexistência de um fato, às custas de declaração do consumidor, como, por exemplo, a cláusula que transfira ao consumidor o ônus da prova de que não foi adequadamente esclarecido pelo fornecedor a respeito do conteúdo, sentido e alcance do contrato (artigo 46 do CDC).[72]

Em conclusão, é nula de pleno direito toda cláusula contratual ou de condições gerais de contratação, que venha a carrear, ao consumidor, o ônus da prova de fatos respeitantes à própria atividade do fornecedor.

3.1.7. *A cláusula de renúncia à indenização por benfeitorias necessárias*

As benfeitorias necessárias são conceituadas legalmente (artigo 96, § 3º, do Código Civil/2002) como "as que têm por fim conservar o bem ou evitar que se deteriore".

Segundo o Direito Comum (Código Civil/2002, artigo 578) e a lei específica sobre locações de imóveis urbanos (Lei nº 8.245/91, artigo 35), é possível ao loca-

---
[72] Assim: NERY JÚNIOR, Nelson. Ob. cit., *CDC Comentado*, p. 506/507.

dor, ou sua administradora, incluir no contrato, via de regra unilateralmente redigido, cláusula que afasta o direito de indenização pelas benfeitorias necessárias realizadas na coisa.

O Código de Defesa do Consumidor, porém, no artigo 51, inciso XVI, estabelece a nulidade absoluta, de pleno direito, das cláusulas contratuais que "possibilitem a renúncia do direito de indenização por benfeitorias necessárias". Desse modo, se os sujeitos do contrato de locação, de bem móvel ou imóvel, preencherem os requisitos para serem considerados consumidor e fornecedor (segundo os artigos 2º e 3º, do CDC, como já visto), estaremos perante uma relação contratual de consumo, a qual sofrerá a incidência do Estatuto Protetivo, por expressa disposição constitucional (artigo 5º, inciso XXXII, da Constituição Federal), derrogados, em conseqüência, os dispositivos retromencionados do Código Civil e da Lei do Inquilinato.

A norma sob exame (artigo 51, inciso XVI, do CDC), na verdade, contém uma proibição já referida na norma geral do artigo 51, inciso I, do CDC, a qual veda a cláusula contratual que implique renúncia ou disposição de direitos. Entretanto, o Estatuto Consumerista não deixa margem a dúvidas e proíbe expressamente a cláusula que estipula a renúncia à indenização por benfeitorias necessárias.[73]

Consoante a teleologia do Código de Defesa do Consumidor, o qual busca a harmonização dos interesses dos participantes das relações de consumo, sempre com base na boa-fé e equilíbrio nas relações entre consumidores e fornecedores (artigo 4º, inciso III, do CDC), não há qualquer razão de justiça para a imposição de cláusula que proíba a restituição de importâncias dispendidas pelo consumidor para a implementação das benfeitorias necessárias, eis que estas, por definição legal, têm como escopo conservar o bem ou evitar que o mesmo se deteriore.

---

[73] Nesse sentido: NERY JÚNIOR, Nelson. Ob. cit., *CDC Comentado*, p. 520.

Imaginemos a situação em que um consumidor loque um automóvel de uma locadora e este, na utilização normal, apresente vazamento do ácido da bateria. O consumidor, cônscio de seus deveres na relação, procura a assistência técnica, a qual constata que o serviço de limpeza do ácido derramado deve ser imediato, sob pena de causar graves danos ao sistema elétrico do automóvel. O consumidor, então, sem outra alternativa, autoriza a realização do serviço e arca com o devido pagamento. Ora, sem dúvida, estes gastos devem ser suportados pela locadora-proprietária do automóvel, sob pena de configurar-se a figura, sempre combatida pelo Direito, do enriquecimento sem causa, eis que os riscos da atividade econômica mencionada já se encontram projetados no valor da locação. Desse modo, a não-indenização ao consumidor, pelas benfeitorias necessárias, implicaria *bis in idem*, ou seja, o consumidor pagaria duas vezes por um problema mecânico que sequer tinha condições de evitar.

3.1.8. A cláusula em desacordo com o sistema de proteção ao consumidor

O artigo 51, inciso XV, do CDC configura uma verdadeira norma de fechamento de sistema, a qual possibilita ao julgador ampla margem para integrar o conceito jurídico indeterminado, explicitando, no caso concreto, o significado da expressão "estar em desacordo com o sistema de proteção ao consumidor".

Em termos interpretativos, poderia haver dúvida quanto ao conceito "sistema de proteção ao consumidor" referir-se somente aos dispositivos que integram o título IV do Estatuto Consumerista, o qual é nominado de Sistema Nacional de Defesa do Consumidor, ou referir-se ao conjunto de normas jurídicas (princípios e regras) constantes do próprio Código de Defesa do Consumidor, bem como as dispersas por várias leis específicas, *verbi gratia* a Lei de Economia Popular (Lei nº 1.521/51) e a Lei Antitruste (Lei nº 8.884/94). Porém, esta sombra de dúvida deve ser espancada através da própria hermenêutica, ou seja, através de uma interpretação sistemática, realizada à luz de princípios constitucionais.

Conforme já afirmamos, no Brasil, a promoção da defesa do consumidor, por parte do Estado, é um direito e garantia fundamental da pessoa que preencher os requisitos legais para assim ser considerada, segundo o disposto no artigo 5º, inciso XXXII, da Carta Magna. Esta constatação é do mais alto significado, eis que, segundo a melhor doutrina, ao se instaurar a dúvida na exegese de normas jurídicas (princípios e regras) relacionadas às relações de consumo, deve-se preferir a interpretação que maior eficácia empreste ao direito fundamental da proteção do consumidor.[74]

Desse modo, devemos concluir que a expressão "sistema de proteção ao consumidor" engloba conceito mais amplo do que o de um Código de Proteção do Consumidor. Destarte, incluem-se no "sistema de proteção ao consumidor" as disposições legais de proteção do consumidor em sentido estrito, bem como as relativas à proteção indireta do consumidor, constantes em várias leis que tutelam seus direitos ou interesses.[75]

Partindo desta linha de interpretação sistemática, a jurisprudência tem identificado diversas cláusulas contratuais ou de condições gerais de contratação, que ofendem o "sistema de proteção do consumidor", considerando-as abusivas e, em conseqüência, nulas de pleno direito.

Passamos ao exame de algumas delas, as mais comuns.

3.1.8.1. A cláusula de eleição de foro.

O Código de Processo Civil, em seu artigo 111, *caput*, dispõe que "a competência em razão da matéria e da hierarquia é inderrogável por convenção das partes; mas estas po-

---

[74] Nesse sentido: CANOTILHO, José Joaquim Gomes. Ob. cit., p. 1.149.
[75] Assim: NERY JÚNIOR, Nelson. Ob. cit., *CDC Comentado*, p. 519/520.

dem modificar a competência em razão do valor e do território, elegendo foro onde serão propostas as ações oriundas de direitos e obrigações". E o § 1º do mencionado artigo 111 dispõe que "o acordo, porém, só produz efeito, quando constar de contrato escrito e aludir expressamente a determinado negócio jurídico".

A partir de dissídio doutrinário sobre a validade do foro de eleição nos contratos e, em conseqüência, do grande número de demandas judiciais propostas, questionando aquela validade, o Supremo Tribunal Federal editou o verbete nº 335 de seu Direito Sumulado, afirmando que "é válida a cláusula de eleição de foro para os processos oriundos de contrato".

Como a autorização legislativa às partes, para a modificação da competência em razão do valor e do território, através de cláusula contratual, diz com a denominada competência relativa, parcela da doutrina entende que a competência do foro eleito somente pode ser questionada pelo procedimento da exceção de incompetência, previsto nos artigos 112 e 114 do Código de Processo Civil, não podendo ser declarada de ofício pelo magistrado, com fulcro, inclusive, no verbete nº 33 da Súmula do Superior Tribunal de Justiça, a qual afirma que "a incompetência relativa não pode ser declarada de ofício".

Analisando criteriosamente a questão, parece-nos não dizer respeito à matéria de direito processual apenas, mas originada de fato jurídico mais complexo e abrangente, a qual, como conseqüência de um fenômeno jurídico mais grave, aproxima-se do campo do direito processual, porém, deve ser examinada sob o ângulo do direito material.

Da análise principiológica da Ciência do Processo, bem como da sistemática adotada pelo Estatuto Processual Civil, verifica-se que a competência relativa não é de ser declinada *ex officio*, devendo o réu opor, no momento oportuno, a exceção declinatória, sob pena de prorrogação da competência, segundo se depreende do disposto no artigo 114 do Código de Processo Civil.[76]

Entretanto, como a questão deve ser examinada à luz do direito material, segundo nosso entendimento, deve o julgador verificar, no caso concreto, se a cláusula contratual de eleição de foro não se choca com os princípios constitucionais do livre acesso à justiça (art. 5º, inciso XXXV, da Constituição Federal), do contraditório e da ampla defesa (art. 5º, inciso LV, da Constituição Federal), bem como o da isonomia (artigo 5º, *caput*, da Constituição Federal), não se olvidando que a defesa do consumidor é um direito e garantia fundamental da pessoa (art. 5º, inciso XXXII, da Constituição Federal).

Jurisprudência anterior ao Código de Defesa do Consumidor rejeitava cláusula contratual de eleição de foro que viesse a dificultar o pronto acesso à justiça, assim como a que causasse sacrifício desproporcional à parte aderente.[77]

---

[76] Ver: NERY, Rosa Maria B.B. de Andrade. "Competência Relativa de Foro e a Ordem Pública: O Artigo 51 do CDC e o Verbete nº 33 da Súmula do STJ". *Revista dos Tribunais*, volume 693. São Paulo: Revista dos Tribunais, Julho/1993, p. 112/115.

[77] Nesse sentido: Ag. Inst. nº 10.816-0, Câm. Esp. do TJSP, j. 15.3.90, Rel. Des. Garrigós Vinhaes, publicado na *RT* 653/87, cuja ementa dispõe: " A cláusula elegendo foro competente situada no verso de contrato impresso em letras diminutas e de percepção duvidosa, se não houver abono expresso e dirigido do contratante, deve ser rejeitada. Assim, o juízo competente será determinado pelas regras do Código de Processo Civil".
Também: Ag. Inst. nº 189088628, 3ª Câm. Cível do TARGS, j. 22.11.89, Rel. Juiz Araken de Assis, publicado na *RT* 659/166, cuja ementa dispõe: "Foro de eleição. Contrato de Adesão. É perfeitamente possível em contratos de adesão declarar a ineficácia de cláusula estatuindo foro de eleição se este torna difícil a propositura da demanda, dificultando ou, na prática, vedando o pronto acesso à Justiça, garantido constitucionalmente (CF, art. 5º, XXXV). Interpretação do contrato adesivo. Não é livre, porém, a opção do demandante, devendo escolher um dos foros legalmente previstos, mais precisamente aquele competente se não houvesse a eleição. Em negócio efetuado por agência bancária competente é o lugar da sua celebração (CPC, art. 100, II, *b*)".
No mesmo sentido: CComp. nº 1.339-RS, 2ª Seção do STJ, j. 14.11.90, Rel. Min. Nilson Naves, publicado na *RT* 666/187, cuja ementa dispõe: "Contrato de seguro. Foro de eleição. É ineficaz a cláusula estipuladora do foro de eleição em contrato de adesão a benefício da seguradora. O segurado pode valer-se das regras gerais de competência. Conflito conhecido e declarado competente o Juízo de Direito da 5ª Vara Cível de Caxias do Sul para processar e julgar ambas as ações".

Com o advento do Código de Defesa do Consumidor, cujas normas, de direito material e de direito processual, são consagradas como de ordem pública e interesse social, algumas conseqüências práticas passam a ser verificadas, dentre elas a caracterização da competência para as ações oriundas das relações de consumo, no caso de ser verificada a abusividade da cláusula de eleição de foro, como sendo absoluta. A partir desta constatação, plenamente possível sua declaração de ofício, não incidindo, na hipótese, o verbete nº 33 da Súmula dominante do Superior Tribunal de Justiça, o qual, como visto, somente se aplica aos casos de incompetência relativa em sentido estrito.[78]

E nesse sentido tem-se manifestado a jurisprudência amplamente majoritária.[79]

Em conclusão, a cláusula de eleição de foro, nas relações contratuais de consumo, somente será admissível quando não atentar contra o sistema de proteção do consumidor.

---

[78] Assim: NERY, Rosa Maria B.B. de Andrade. Ob. cit., p. 115.
[79] Assim: Ag. Inst. 784.754-7, 4ª Câm. do 1º TACivSP, j. 04.03.98, Rel. Juiz J.B. Franco de Godoi, publicado na RT 756/257, cuja ementa dispõe: "O critério norteador do estabelecimento da competência nas ações derivadas de relações de consumo foi o da ordem pública, como dispõe o artigo 1º da Lei 8.078/90, portanto, a competência é absoluta. Assim, nula é a cláusula estipulada no contrato de adesão que coloque o consumidor em dificuldade de empreender sua defesa, conforme interpretação do artigo 51, § 1º, também da Lei 8.078/90". Também: Ag. Inst. 575.318-00/4, 7ª Câm. do 2º TACivSP, j. 22.04.1999, Rel. Juiz S. Oscar Feltrin, publicado na RT 769/280, cuja ementa dispõe: "É legítima, em princípio, a cláusula contratual de eleição de foro, mas pode ser ela desconsiderada quando, em contrato de adesão, revelar-se abusiva e prejudicial ao aderente, o que todavia não ocorre quando o consorciado não se encontra na condição de consumidor frágil e vulnerável". No mesmo sentido: Ag.Inst. 857.744-6, 4ª Câm. do 1º TACivSP, j. 05.05.1999, Rel. Juiz Rizzatto Nunes, publicado na RT 770/279, cuja ementa dispõe: "Em contrato tipicamente de adesão não tem eficácia a cláusula de eleição de foro, se estipulada exclusivamente a benefício e comodidade da credora e com prejuízo do devedor. São nulas as cláusulas abusivas que coloquem o devedor em desvantagem exagerada e estejam em desacordo com o sistema de proteção ao consumidor. Inteligência do art. 51 do CDC. Em se tratando de consórcio, contrato tipicamente de adesão, se a cláusula contratual estipulando o foro de eleição evidencia de pronto ser contra os interesses do consorciado inadimplente, dificultando-lhe o acesso ao Judiciário e à ampla defesa, pode o Juiz desconsiderá-lo, de ofício, determinando a remessa dos autos ao foro do domicílio do devedor".

3.1.8.2. A cláusula de exclusão do risco de suicídio nos contratos de seguro de vida.

O Código Civil/1916, no artigo 1.432, definia o contrato de seguro como "aquele pelo qual uma das partes se obriga para com a outra, mediante a paga de um prêmio, a indenizá-la do prejuízo resultante de riscos futuros, previstos no contrato". Do mesmo modo, asseverava, no artigo 1.440, *caput*, que "a vida e as faculdades humanas também se podem estimar como objeto segurável, e segurar, no valor ajustado, contra os riscos possíveis, como o de morte involuntária, inabilitação para trabalhar, ou outros semelhantes". Complementando este dispositivo, o Estatuto Civil de 1916, no artigo 1.440, parágrafo único, conceituava como morte voluntária, fora portanto da estimação como objeto segurável, a decorrente de duelo, bem como de suicídio premeditado por pessoa em seu juízo perfeito. Por sua vez, no artigo 1.471, *caput*, estatuía que "o seguro de vida tem por objeto garantir, mediante o prêmio anual que se ajustar, o pagamento de certa soma a determinada ou determinadas pessoas, por morte do segurado, podendo estipular-se igualmente o pagamento dessa soma ao próprio segurado, ou terceiro, se aquele sobreviver ao prazo de seu contrato".

Após a instauração de dissídio doutrinário e jurisprudencial, consolidou-se a jurisprudência do Supremo Tribunal Federal, através do verbete nº 105 da Súmula do Pretório Excelso, o qual dispõe: "Salvo se tiver havido premeditação, o suicídio do segurado no período contratual de carência não exime o segurador do pagamento do seguro". Também, a do Superior Tribunal de Justiça, o qual, através do verbete nº 61 de sua súmula de jurisprudência, dispõe: "O seguro de vida cobre o suicídio não premeditado".

Atualmente, o Código Civil/2002, no que tange ao seguro de vida, dispõe, no artigo 797 e seu parágrafo único, que "para o caso de morte, é lícito estipular-se um prazo de carência, durante o qual o segurador não responde pela ocorrência do sinistro". Neste caso, "o segurador é obrigado a devolver ao beneficiário o montante da reserva técnica já formada". Igualmente, no artigo 798 e seu parágrafo único, é expresso no sentido de que "o beneficiário não tem direito ao capital estipulado quando o segurado se suicida nos primeiros dois anos de vigência inicial do contrato, ou da sua recondução depois de suspenso, observado o disposto no parágrafo único do artigo antecedente". "Ressalvada a hipótese prevista neste artigo, *é nula a cláusula contratual que exclui o pagamento do capital por suicídio do segurado*" (grifou-se).

Da análise criteriosa e científica dos textos mencionados, relativos ao seguro de vida, no Código Civil/2002, exsurge que a norma do artigo 798 e seu parágrafo único não faz qualquer distinção sobre o fato, previsto na legislação revogada, de o suicídio ter-se dado de forma premeditada ou não. Somente ressalva que o beneficiário não fará jus ao capital estipulado, caso o suicídio ocorra nos primeiros dois anos de vigência do contrato. Destarte, esta nova norma impõe a exclusão da indenização tão-somente nos períodos que fixa, e não distingue ter-se dado o suicídio por premeditação, ou não. Por conseguinte, ambas as hipóteses passam a ter a cobertura do seguro de vida.[80]

Assim sendo, entendemos que a jurisprudência, baseada nos dispositivos revogados do Código Civil/1916, deva ser repensada, porquanto é princípio de hermenêutica *ubi lex non distinguit nec nos distinguere debemus*: "Onde a lei não distingue, não pode o intérprete distinguir".[81]

Sem dúvida, as atividades de natureza securitária, ou os contratos de seguro, podem caracterizar-se como relação contratual de consumo, bastando, para tanto, a simples presença do consumidor no pólo do segurado, eis que a empresa seguradora, por desenvolver ativida-

---

[80] Assim, NERY JÚNIOR, Nelson. *Código Civil Anotado e Legislação Extravagante*. 2ª edição. São Paulo: Revista dos Tribunais, 2003, p. 459/460.
[81] Ver: MAXIMILIANO, Carlos. Ob. cit., p. 246.

de econômica, como profissional, enquadra-se plenamente na definição de fornecedor.

Desse modo, os contratos de seguro, como contratos de adesão, deverão ser redigidos em termos claros e com caracteres ostensivos e legíveis, de modo a facilitar a sua compreensão, sendo importante frisar que as cláusulas limitativas de direito do consumidor devem ser redigidas com destaque, a fim de permitir sua fácil e imediata compreensão, segundo dispõe o artigo 54, §§ 3º e 4º, do CDC. Ademais, se os instrumentos de contratação do seguro forem redigidos de modo a dificultar a compreensão de seu sentido e alcance, não obrigarão o consumidor/segurado, sendo que as cláusulas contratuais deverão ser interpretadas de maneira mais favorável ao consumidor, segundo se depreende do disposto nos artigos 46 e 47 do CDC, plenamente em sintonia com o princípio fundamental da promoção da defesa do consumidor, insculpido no artigo 5º, inciso XXXII, do Estatuto Político Básico.

A partir da consolidação dos princípios que regem a teleologia do Estatuto Consumerista, a jurisprudência predominante foi além, assentando que o ônus da prova da premeditação do suicídio cabe à empresa seguradora.[82][83]

---

[82] Ver: JARDIM, Antônio Guilherme Tanger. "O Consumidor e o Contrato de Seguro". *Revista de Direito do Consumidor*, volume 26. São Paulo: Revista dos Tribunais, Abril/Junho – 1998, p. 27/32.
[83] Nesse sentido: Ap. 610.637-2, 12ª Câm. do 1º TACiv SP, j. 27.08.1996, Rel. Juiz Kioitsi Chicuta, publicado na *RT* 735/290, cuja ementa dispõe: "No contrato de seguro de vida, deve ser repelida a cláusula de não cobertura em caso de suicídio, pois não há dissenso de que o suicídio enquadra-se na espécie 'não-premeditado', e que é considerado, nos termos da Súm. 61 do STJ, como abrangido pelo conceito de acidente, sendo inválida qualquer estipulação de exclusão desse risco".
Também: Ap. 197.028.053, 5ª Câm. Cível do TARGS, j. 11.09.1997, Rel. Juiz Carlos Alberto Alves Marques, publicado na *RT* 752/363, cuja ementa dispõe: "No contrato de seguro de vida, é devida a indenização pela seguradora, se a morte do segurado decorreu de brincadeira com arma de fogo, denominada de 'roleta russa', pois tal hipótese não pode ser caracterizada como suicídio premeditado, conforme inteligência das Súmulas 61 do STJ e 105 do STF".
No mesmo sentido: Ap. 111.106-4, 1ª Câm. Cível do TAPR, j. 16.12.1997, Rel. Juiz Raitani Condessa, publicado na *RT* 753/368, cuja ementa dispõe: "Considerando que a morte por suicídio involuntário ou não premeditado corres-

Agora, com a nova normatização do Código Civil/2002, aplicável ao CDC, por força do disposto em seu artigo 7º, *caput*, é de se questionar, ante a análise retro, se a premeditação do suicídio, mesmo provada pela seguradora, exclui a obrigação de pagar o capital estipulado no contrato de seguro. Segundo o princípio de hermenêutica retrocitado, pode-se afirmar que não.

3.1.8.3. *A cláusula de exclusão de determinadas doenças da cobertura do seguro ou plano de saúde*. Os contratos das operadoras de planos ou seguros privados de assistência à saúde ofertados no mercado de consumo, sob a forma de contrato de adesão ou submetidos a cláusulas gerais de contratação, apresentam inúmeras cláusulas limitativas dos direitos dos consumidores, as quais são identificadas como abusivas por grande parte da jurisprudência brasileira. Dentre elas podemos apontar as que visam a excluir do âmbito da relação contratual a cobertura do tratamento de determinadas doenças denominadas genericamente de "congênitas", "crônicas" ou "infecto-contagiosas", bem como, em alguns casos, a exclusão específica de doenças como o câncer e a AIDS.[84]

Preocupado com o problema, o Conselho Federal de Medicina editou a Resolução CFM 1.401, de 11.11.93, estatuindo que as empresas de seguro-saúde, de medicina de grupo, cooperativas de trabalho médico e outras que atuem sob a forma de prestação direta ou intermediação dos serviços médico-hospitalares, são obrigadas a garantir o atendimento a todas as enfermidades relacionadas no Código Internacional de Doenças da Organização Mundial da Saúde, sem qualquer tipo de restrição, quantitativa ou qualitativa.

---

ponde a morte por acidente, deverá a indenização ser paga com base nesta hipótese, cumprindo-se o contrato feito pelo segurado, não incidindo, portanto, a regra do parágrafo único do art. 1.440 do CC, que exonera o segurador na ocorrência de suicídio voluntário ou premeditado".
[84] Ver: MARQUES, Cláudia Lima. Ob. cit., *Contratos no CDC*, p. 831/850.

Esta Resolução do CFM é consentânea com o entendimento de que a saúde é um bem público, inalienável e indivisível, não podendo ser fragmentada, dividida, tratada ocasionalmente ou com restrições, como quem trata de atividades meramente mercantis.[85]

É princípio assente na Constituição Federal (artigo 3°, inciso IV), como objetivo fundamental da República Federativa do Brasil, "promover o bem de todos, sem preconceitos de origem, raça, sexo, cor, idade e quaisquer outras formas de discriminação". Desse modo, as empresas privadas operadoras de planos ou seguros-saúde não podem se eximir à regra, pois "são de relevância pública as ações e serviços de saúde...", segundo o preceituado no artigo 197 do Estatuto Político Básico.

Destarte, não se deve olvidar o princípio fundamental, de terceira geração, da promoção da defesa do consumidor, por parte do Estado, na forma do disposto no artigo 5°, inciso XXXII, da Carta Magna. Partindo dessa premissa, o Estatuto Consumerista adota a sistemática de que todos os contratos de consumo, escritos ou verbais, de comum acordo ou de adesão, estão inseridos no sistema protetivo contra cláusulas que estabeleçam desequilíbrio entre as partes contratantes e violem o sistema de proteção ao consumidor. Assim, é dever do fornecedor dar conhecimento prévio ao consumidor sobre o conteúdo do contrato, bem como adotar nos contratos escritos, redação clara e com caracteres legíveis, inclusive com destaque para as cláusulas limitativas de direitos do consumidor, segundo o disposto nos artigos 46 e 54, §§ 3° e 4°, ambos do CDC. Ademais, além da proibição de cláusulas com termos técnicos, não acessíveis ao consumidor médio, conta o vulnerável na relação de consumo, sempre, com a interpretação contratual que lhe seja mais favorável, conforme o princípio

---
[85] Assim: FRANÇA, Genival Veloso de. "O Código do Consumidor e o Exercício da Medicina". *Revista de Direito do Consumidor*, volume 13. São Paulo: Revista dos Tribunais, Janeiro/Março – 1995, p. 56/60.

insculpido no artigo 47 do Código de Defesa do Consumidor.[86] Em conclusão, segundo a teleologia do Estatuto Protetivo, para a vinculação do consumidor é necessário, portanto, que o fornecedor lhe dê prévio conhecimento a respeito do conteúdo do contrato, bem como as cláusulas contratuais não violem as regras de ordem pública e interesse social, constantes do sistema de proteção do consumidor. E nesse sentido tem decidido a jurisprudência majoritária.[87]

Muitas outras cláusulas abusivas, não explicitadas ou não referidas nominalmente no rol do artigo 51 do CDC, podem ser citadas, visto que, por ferirem o sistema de proteção do consumidor, também são nulas, como por exemplo: abdicação, por parte do consumidor,

---

[86] Ver: SILVA, Doralina Mariano da. "Convênio de Assistência Médico-Hospitalar e a Cláusula Contratual Limitadora do Prazo de Cobertura para as Hipóteses de Casos Clínicos Agudos". *Revista de Direito do Consumidor*, volume 7. São Paulo: Revista dos Tribunais, Julho/Setembro – 1993, p. 233/242.
[87] Assim: Ap. Civ. 275.091-2/3, 4ª Câm. Cível do TJSP, j. 08.05.1997, Rel. Des. Aguilar Cortez, publicado na *RT* 744/244, cuja ementa dispõe: "As empresas contratantes de seguro-saúde estão obrigadas a garantir o atendimento a todas as enfermidades relacionadas no Código Internacional de Saúde; assim, constitui cláusula abusiva aquela que exclui dos contratos doença que deveria cobrir. O contrato de seguro-saúde, por ser um contrato de adesão deve ser interpretado em favor do aderente quando gere qualquer dúvida, como a exclusão de cobertura para determinada doença, pois não se pode mantê-lo submetido a uma situação de incerteza, e, conforme interpretação do art. 170, IV e V, da CF, tais cláusulas devem ser aplicadas em detrimento da parte mais forte".
Também: Ap. Civ. 8.369/95, 3ª Câm. Cível do TJRJ, j. 24.09.1996, Rel. Des. Antônio Eduardo Ferreira Duarte, publicado na *RT* 744/342, cuja ementa dispõe: "Considerando a natureza dos contratos de seguro-saúde e o seu caráter finalístico, que se apoiam na proteção e na segurança da saúde, tem-se por afastada, porque abusiva, a cláusula que exclui a cobertura de despesas médico-hospitalares no tratamento da Síndrome de Imunodeficiência Adquirida".
No mesmo sentido: Ap. Civ. 238.128.2/2, 14ª Câm. Cível do TJSP, j. 01.11.94, Rel. Des. Ruiter Oliva, publicado na *RT* 712/155, cuja ementa dispõe: "Não pode o plano de saúde escusar-se da obrigação de prestar ao portador do vírus HIV o tratamento médico-hospitalar prometido, valendo-se da cláusula genérica de exclusão (as enfermidades ou lesões causadas por epidemias). Seja como for, ainda que se possa considerar a AIDS como doença tecnicamente epidêmica, como o quer o convênio, essa cláusula constitutiva de contrato de adesão, unilateralmente imposta pelo plano de saúde, deve ser, por isso, interpretada de maneira mais favorável ao conveniado".

ao exercício da *exceptio non adimpleti contractus* (exceção de contrato não cumprido), ou da *exceptio non rite adimpleti contractus* (exceção de cumprimento defeituoso do contrato), bem como a cláusula de *solve et repete*, pela qual o consumidor primeiro tem que pagar o que lhe é cobrado pelo fornecedor para, depois, reclamar a restituição eventualmente ocorrente.

3.2. A abusividade das cláusulas criadoras de vantagens unilaterais ao fornecedor

Ainda que consignadas em contratos negociados, de comum acordo (*contrat de gré à gré*), as cláusulas criadoras de vantagens unilaterais ao fornecedor são nulas. Aliás, esta nulidade é reconhecida, também, pelo Código Civil/2002 (artigo 122, 2ª parte), o qual denomina este tipo de cláusula de potestativa.[88] Na conformidade da regra jurídica retrocitada, "entre as condições defesas se incluem as que privarem de todo efeito o negócio jurídico, ou o sujeitarem ao puro arbítrio de uma das partes".

Desse preceito, não se deve inferir sejam inadmissíveis apenas as condições expressa e taxativamente proibidas por lei, eis que, condições vedadas, também, de modo geral, são as contrárias à ordem pública, às disposições imperativas de lei e aos bons costumes.[89] Nesse sentido, o artigo 122, 1ª parte, do Código Civil/2002 considera "lícitas, em geral, todas as condições não contrárias à lei, à ordem pública ou aos bons costumes".

Ora, as normas do Código de Defesa do Consumidor são de ordem pública e interesse social, segundo o disposto no artigo 1º. Assim, qualquer condição (*rectius*: cláusula) contrária à ordem pública é ilícita, no sentido

---
[88] Ver: AGUIAR JÚNIOR, Ruy Rosado de. Ob. cit., *Cláusulas Abusivas no Código do Consumidor*, p. 21.
[89] Assim: RÁO, Vicente. *Ato Jurídico*. 4ª edição. São Paulo: Revista dos Tribunais, 1999, p. 270.

do Código Civil, e abusiva, segundo o disposto no Estatuto Consumerista, sendo, em ambos os casos, cominada de nulidade (artigos 166, inciso II, do Código Civil/2002 e 51 do CDC, respectivamente).[90] Importante relembrar que os direitos previstos no Código de Defesa do Consumidor não excluem outros, particularmente os previstos no Código Civil, por força do disposto no artigo 7°, *caput*, do CDC.

3.2.1. A cláusula de opção exclusiva à conclusão do contrato

O Estatuto Consumerista, como visto no item anterior, busca firmar a nulidade de cláusulas exclusivistas, isto é, aquelas que concedem determinados direitos ou obrigações somente a uma das partes, em detrimento da outra, haja visto que tal tipo de cláusula contraria a teleologia do Código e agride os princípios da harmonia e do equilíbrio nas relações entre consumidores e fornecedores, previstos no artigo 4°, inciso III, do CDC. Desse modo, o fornecedor não pode se beneficiar de cláusula contratual que lhe outorgue a "opção de concluir ou não o contrato, embora obrigando o consumidor", em razão da coibição expressa constante do artigo 51, inciso IX, do CDC.[91]

Destarte, tal tipo de cláusula, estipulada para um só dos contratantes, é considerada como potestativa, sendo vedada, inclusive, nas relações entre iguais, conforme o disposto no artigo 122 do Código Civil/2002. Por mais forte razão, deve ser cominada de inválida nas relações

---

[90] Nesse sentido: Ap. 99.004290-1, 1ª Câm. Cível do TJSC, j. 20.04.1999, Rel. Des. Newton Trisotto, publicado na *RT* 769/380, cuja ementa dispõe: "É nula a cláusula inserida em contrato de abertura de crédito em conta corrente que autoriza o mutuante a sacar letra de câmbio no valor correspondente ao saldo devedor (CC, art. 115)".
[91] Ver: LISBOA, Roberto Senise. *Contratos Difusos e Coletivos*. São Paulo: Revista dos Tribunais, 1997, p. 343/401.

entabuladas entre desiguais, como acontece, em regra, nas relações jurídicas de consumo.

Casuisticamente, imaginemos a situação em que um potencial consumidor, atraído por uma oferta ou publicidade, dirige-se à revendedora de veículos e assina proposta de contrato, a qual será enviada à matriz para verificação de estoque ou se o consumidor preenche os requisitos necessários para a contratação. Enquanto isso, o consumidor não poderá contratar com outro fornecedor, pois se o fizer, arcará com os ônus de sua quebra contratual. Ora, a unilateralidade é patente e, neste caso, vedada, expressamente, pela norma do artigo 51, inciso IX, do CDC.[92]

Em conclusão, caso se permitisse essa opção ou faculdade, seriam outorgados ao fornecedor poderes extremamente inibitórios da satisfação dos interesses do consumidor, o qual, com certeza, não lograria sucesso na aquisição do produto ou serviço visado.[93]

3.2.2. A cláusula de variação unilateral do preço

É nula de pleno direito a cláusula que outorgue ao fornecedor o privilégio de alterar unilateralmente o preço do produto ou serviço, seja de forma direta, ou de maneira indireta, nas relações contratuais de consumo, segundo a expressa disposição do artigo 51, inciso X, do CDC.

Tal vedação tem como escopo a manutenção da harmonia e equilíbrio que deve nortear toda a relação de consumo, segundo os princípios insculpidos no artigo 4º, inciso III, do CDC, bem como assegurar a igualdade na contratação, a qual é direito básico do consumidor, conforme dispõe o artigo 6º, inciso II, do CDC.

---
[92] O exemplo é de: MARQUES, Cláudia Lima. Ob. cit., *Contratos no CDC*, p. 793.
[93] Assim: LISBOA, Roberto Senise. Ob. cit., p. 357.

Aliás, o Código Civil/2002, estatuto que regula relações entre iguais, não-profissionais (no Livro I) e iguais, profissionais ou empresários (no Livro II), é taxativo no sentido de que é nulo o contrato de compra e venda, no qual se deixa ao arbítrio de uma das partes a fixação do preço (artigo 489).[94] Desse modo, plenamente coerente com a teleologia do Estatuto Protetivo a proibição da variação unilateral do preço do produto ou do serviço, visto que, em um País cujos usos e costumes empresariais apontam no sentido da indexação dos débitos futuros, em razão da expectativa de inflação, a norma estatuída no artigo 51, inciso X, do CDC, tem o grande mérito de expungir as cláusulas contratuais que permitem ao fornecedor escolher entre os índices de correção oficiais, sempre o de maior variação, eis que aquela escolha unilateral desequilibra as prestações contratuais, ferindo, em conseqüência, as finalidades do Código de Defesa do Consumidor.[95]

É nessa esteira tem-se manifestado a jurisprudência dominante.[96]

3.2.3. A cláusula de cancelamento unilateral do contrato

O artigo 51, inciso XI, do CDC prevê a nulidade de cláusulas que "autorizem o fornecedor a cancelar o

---

[94] Ver: ALVIM, Arruda e outros. *Código do Consumidor Comentado*. 2ª edição. São Paulo: Revista dos Tribunais, 1995, p. 254.
[95] Assim: MARQUES, Cláudia Lima. Ob. cit., *Contratos no CDC*, p. 793.
[96] Nesse sentido: Ap. 196.227.466, 7ª Câm. Cível do TARGS, j. 12.03.1997, Rel. Juiz Ricardo Raupp Ruschel, publicado na *RT* 744/385, cuja ementa dispõe: "No contrato de abertura de crédito em conta corrente, não havendo estipulação sobre o percentual de juros aplicável, a menção a encargos a serem cobrados à taxa praticada pelo banco constitui-se como cláusula abusiva e ilegal, nos termos dos arts. 115 e 145, V, do CC e 51, IV, X e § 1º, da Lei 8.078/90".
No mesmo sentido: Ap. 738.678-3, 11ª Câm. Ordinária do 1º TACiv SP, j. 20.11.1997, Rel. Juiz Maia da Cunha, publicado na *RT* 753/256, cuja ementa dispõe: "É abusiva a cláusula constante de contrato de abertura de crédito em conta corrente que estabelece a possibilidade de estipulação posterior de taxa de juros moratórios unilateralmente pelo credor, segundo a maior taxa praticada pelo banco no mercado, por infringir as regras insculpidas nos arts. 51, X e 52, II, da Lei 8.078/90".

contrato unilateralmente, sem que igual direito seja conferido ao consumidor".

Partindo da exegese meramente literal da regra de conduta mencionada, poder-se-ia afirmar, a *contrario sensu*, estar permitida a inclusão de cláusula contratual permissiva do cancelamento do contrato por qualquer das partes, entendendo aquele dispositivo como equalizador das posições contratuais entre o consumidor e o fornecedor.[97]

Entretanto, como veremos, mesmo a estipulação de cláusula de cancelamento bilateral (por qualquer das partes) pode ser considerada abusiva, por contrariar a teleologia do Estatuto Consumerista.

A palavra "cancelar" tem, entre outros, o significado de "excluir; suprimir; eliminar".[98] Já "suprimir" significa "fazer que desapareça, que se extinga; extinguir".[99]

Ao tratar das causas de extinção (*rectius*: cancelamento) dos contratos, a melhor doutrina as divide em extinção normal ou execução, quando as partes cumprem plenamente suas obrigações e alcançam o objetivo colimado, e a extinção que não ocorre pela via normal, eis que o contrato, neste caso, acaba sem que as obrigações tenham sido cumpridas. As causas extintivas dos contratos, pela via anormal, podem ser divididas em causas antecedentes ou contemporâneas e causas supervenientes à formação dos contratos. Aquelas determinam a extinção do contrato por anulação, estas, por dissolução.

A extinção em razão de causas supervenientes à formação dos contratos pode-se verificar pelos seguintes modos: resolução, resilição e rescisão.

A resolução é um remédio concedido à parte para, através de ação judicial, romper o vínculo contratual, nos casos em que ocorra inexecução por parte de um dos contratantes. Nos contratos bilaterais, havendo estipula-

---
[97] Ver: NERY JÚNIOR, Nelson. Ob. cit., *CDC Comentado*, p. 518.
[98] FERREIRA, Aurélio Buarque de Holanda. Ob. cit., p. 386.
[99] Id., ibid., p. 1907.

ção de comum acordo, denomina-se pacto comissório expresso. Na ausência de estipulação, o pacto é presumido pela lei, que subentende a existência de cláusula resolutiva, denominada, neste caso, de cláusula resolutiva implícita ou tácita.

Resilição, por sua vez, é a dissolução do contrato por simples declaração de vontade de uma ou das duas partes contratantes. Portanto, pode ocorrer a resilição unilateral ou bilateral. O modo normal de resilição bilateral é o distrato, o qual, em síntese, é um contrato com o fim de extinguir outro.

Sendo o contrato um negócio jurídico formado por acordo de vontades, não se deveria admitir a resilição unilateral. Contudo, admite-se. Esta faculdade pode ser exercida: nos contratos por tempo indeterminado; nos contratos de execução continuada, ou periódica; nos contratos em geral, cuja execução não tenha começado; nos contratos benéficos; e nos contratos de atividade. Conforme o caso, assume uma feição especial, tomando o nome de revogação, renúncia ou resgate. A resilição não opera retroativamente, e seus efeitos produzem-se *ex nunc*. Nos contratos de trato sucessivo, não se restituem as prestações cumpridas, e os efeitos produzidos permanecem inalterados. Já nos contratos por tempo determinado não é cabível, em princípio, a resilição unilateral. É admitida, porém, a denúncia, a qual extingue o contrato antes do tempo, sujeitando o denunciante a perdas e danos, se não houver justa causa.

Rescisão, por fim, é a ruptura do contrato em que ocorreu lesão, sendo que, nem sempre, esta determina a dissolução do contrato, pois o mesmo pode ser salvo, restabelecendo-se o equilíbrio das prestações com a suplementação do preço.

A rescisão somente pode ser obtida através de ação judicial, sendo que a sentença rescisória do contrato retroage à data de sua celebração.[100]

---
[100] Ver: GOMES, Orlando. Ob. cit., p. 169/189.

Feita esta análise, podemos afirmar que a expressão "cancelar o contrato unilateralmente", contida na norma sob exame (artigo 51, inciso XI, do CDC), diz respeito à extinção do contrato em razão de causas supervenientes à sua formação, ou seja: através da resolução, da resilição ou da rescisão.

A resolução, como vimos, é um modo de romper o vínculo contratual, nos casos de inadimplemento provocado por um dos contratantes. No Direito Comum há a previsão de pacto comissório expresso, nos contratos bilaterais, estipulando-se, de comum acordo, o rompimento do vínculo contratual. Na ausência dessa estipulação presume a lei (artigo 474 do Código Civil/2002) a cláusula resolutória tácita ou implícita.

Este sistema resolutório, que poderíamos denominar de clássico, tem como base os contratos comutativos imediatos, como a compra e venda, nos quais as partes sabem exatamente a extensão e o *quantum* de suas prestações. Desse modo, inadimplente uma das partes, a tendência da Ciência do Direito é autorizar a outra parte a resolver o contrato, pois o ideal deste sistema é a liberação dos contratantes com o retorno ao *status quo ante*.[101]

Hodiernamente, diversas relações contratuais de longa duração e de prestações contínuas não mais se adaptam a este modelo imediatista de desvinculação contratual. Coerente com os novos tempos, ou com a pós-modernidade da Ciência do Direito, o Código de Defesa do Consumidor, reconhecendo a vulnerabilidade do consumidor-cativo, permite as cláusulas resolutórias, nos contratos de adesão, desde que alternativas (ou seja: com a possibilidade de manutenção do contrato), cabendo a escolha ao consumidor, segundo o disposto no artigo 54, § 2º, do CDC.[102]

---

[101] Assim: MARQUES, Cláudia Lima. Ob. cit., *Contratos no CDC*, p. 901/902.
[102] Ver: MARQUES, Cláudia Lima. "Planos Privados de Assistência à Saúde. Desnecessidade de Opção do Consumidor Pelo Novo Sistema. Opção a Depender da Conveniência do Consumidor. Abusividade de Cláusula Contratual Que Permite a Resolução do Contrato Coletivo por Escolha do Fornecedor". *Revista de Direito do Consumidor*, vol. 31. São Paulo: RT, Jul/Set – 1999, p. 129/169.

Ao assegurar essa escolha ao consumidor, o Estatuto Consumerista Brasileiro segue a moderna doutrina internacional, a qual, em contratos "pós-modernos", cativos, de longa duração, massificados e de grande importância social, impede a resolução pelo fornecedor, mesmo havendo causa para tal, transferindo a decisão para o consumidor, que pode optar pelo aumento das parcelas da sua prestação, tanto em número, quanto em valor pecuniário, pela sanção relativa ao descumprimento do pactuado, e até mesmo por alguma modificação do contrato, a fim de adaptá-lo às novas circunstâncias, optando, dessa forma, pela manutenção da relação contratual de consumo.

Destarte, deflui, portanto, da teleologia do Código de Defesa do Consumidor, a impossibilidade de presunção de cláusula resolutória tácita, porquanto "os contratos que regulam as relações de consumo não obrigarão os consumidores se não lhes for dada a oportunidade de tomar conhecimento prévio de seu conteúdo, ou se os respectivos instrumentos forem redigidos de modo a dificultar a compreensão de seu sentido e alcance", segundo o preceituado no artigo 46 do CDC. Ademais, "as cláusulas contratuais serão interpretadas de maneira mais favorável ao consumidor", conforme dispõe a norma principiológica contida no artigo 47 do CDC.

Já em 1966, o legislador brasileiro vislumbrou a possibilidade da ocorrência de abusos na liberação do vínculo contratual, na hipótese de seguros, e regulou em lei especial este tipo de cláusula, dispondo, no artigo 13 do Dec.-Lei nº 73/66, que as "apólices não poderão conter cláusula que permita rescisão unilateral dos contratos de seguros ou por qualquer modo subtraia sua eficácia ou validade, além das situações previstas em lei".

Assim agindo, o legislador procurou evitar a aplicação da cláusula resolutória tácita, bem como a previsão de semelhante poder de resolução em cláusula contratual, denominada cláusula resolutória expressa.[103]

---
[103] Assim: MARQUES, Cláudia Lima. Ob. cit., *Contratos no CDC*, p. 906.

A resilição, por sua vez, também já visto, é a dissolução do contrato por simples declaração de vontade de uma ou das duas partes contratantes, podendo ocorrer, assim, unilateral ou bilateralmente. O modo normal de resilição bilateral, como visto, é o distrato, ou seja, um novo contrato, cujo objetivo é o de extinguir outro.

Nos contratos por tempo determinado, como os relacionados ao mercado de consumo, entabulados entre o consumidor e o fornecedor, tendo como objeto um produto ou um serviço, não é cabível, em princípio, a resilição unilateral. É admitida, entretanto, a denúncia, que extingue o contrato antes do advento de seu termo, sujeitando o denunciante à indenização por perdas e danos, nos casos em que não ficar comprovada a justa causa para a resilição. Segundo a teleologia do Estatuto Consumerista, o ônus da prova da justa causa, ensejadora da resilição do contrato, é da alçada do fornecedor, pois todas as cláusulas contratuais, expressas ou tácitas, deverão ser interpretadas de modo mais favorável ao consumidor, conforme a norma principiológica, já referida, constante do artigo 47 do CDC.

No que tange à rescisão, também já analisada, verifica-se que ela somente pode ser obtida através de ação judicial própria, sendo que, nem sempre, a lesão ocorrente determina a dissolução do contrato, eis que o restabelecimento do equilíbrio das prestações, até com a suplementação do preço, se for o caso, pode ser a solução para salvá-lo, tornando-o hígido e novamente atrativo para ambas as partes.

No Código de Defesa do Consumidor, a onerosidade excessiva, em razão de fatos supervenientes à contratação, outorga ao consumidor o direito básico de postular a modificação ou revisão das cláusulas contratuais para restabelecer o equilíbrio contratual, segundo o disposto no artigo 6º, inciso V, do CDC.

Em conclusão, não só as cláusulas que autorizam o fornecedor a cancelar (*rectius*: resolver, resilir ou rescindir) o contrato unilateralmente são nulas de pleno direito, mas, também, na maioria dos casos, as cláusulas que autorizam ambos, ou seja, bilateralmente, fornecedor e consumidor, a cancelar o contrato, podem e devem ser consideradas abusivas e, como tal, nulas de pleno direito, principalmente as relativas aos contratos cativos de longa duração, como os de seguro-saúde, ou de plano de saúde, em que o consumidor, após pagar por vários anos e atingir determinada idade, raramente fará uso daquele direito, pois seu interesse é justamente o de manutenção do vínculo, ao passo que o fornecedor inescrupuloso, que só visa ao lucro, pode ter interesse na dissolução do vínculo, na fase do contrato em que o consumidor, por sua idade avançada e saúde debilitada, passará a utilizar-se da cobertura outorgada pelo seguro ou plano de saúde.

A abusividade, nestes casos, é escancarada, ocorrendo incompatibilidade com os princípios da boa-fé e eqüidade nas contratações, previstos no artigo 51, inciso IV, do CDC, reconhecida majoritariamente pela jurisprudência.[104]

---

[104] Nesse sentido: Ap. 596.216.473, 5ª Câm. Cível do TJRGS, j. 28.11.1996, Rel. Des. Araken de Assis, publicado na RT 741/387, cuja ementa dispõe: "Constitui abuso do exercício de direito a resilição unilateral de contrato de assistência médico-hospitalar mantido por mais de 16 anos, justamente no momento em que o segurado, por sua idade avançada, mais carecia da cobertura contratual, não se aplicando à espécie a Lei 8.078/90, pois o referido dispositivo legal não se aplica às avenças celebradas anteriormente à sua vigência".
Também: Ap. 248.922-2/4, 15ª Câm. Cível do TJSP, j. 06.12.1994, Rel. Des. Márcio Marcondes Machado, publicado na RT 725/232, cuja ementa dispõe: "Não trazendo o carnê em suas cláusulas, qualquer limite de tempo para internações hospitalares, previstas apenas no Regulamento do Plano e sendo este sucessor de outro anterior, tem a empresa os mesmos ônus e obrigações do plano sucedido, não podendo impor, unilateralmente, novas regras aos associados".
No mesmo sentido: Ap. 024950097188, 2ª Câm. Cível do TJES, j. 02.09.1997, Rel. Des. Antônio José Miguel Feu Rosa, publicado na RT 752/293, cuja ementa dispõe: "No contrato de prestação de serviços médico-hospitalares é nula a cláusula que impõe ao usuário a suspensão do atendimento em caso de inadimplência, mesmo após a quitação do débito, por representar flagrante intento de vantagem pela empresa contratada em detrimento do direito do consumidor".

3.2.4. A cláusula de ressarcimento unilateral dos custos de cobrança

O Código de Defesa do Consumidor pressupõe como nula de pleno direito a cláusula contratual que obrigue "o consumidor a ressarcir os custos de cobrança de sua obrigação, sem que igual direito lhe seja conferido contra o fornecedor" (artigo 51, inciso XII).

Este tipo de cláusula ofende o equilíbrio do contrato ao fixar obrigações apenas para uma das partes, no caso o que detém a presunção de vulnerabilidade, na relação jurídica de direito material, o consumidor.

É entendimento doutrinário que a cláusula em análise não será considerada abusiva se o consumidor tiver o mesmo direito do fornecedor, no sentido de o agente econômico ressarcir as despesas efetivadas por aquele, na utilização de mecanismos de cobrança, existentes no mercado de consumo.[105]

Importante esclarecer que a referência legal à abusividade de cláusula de ressarcimento unilateral dos custos de cobrança diz respeito aos encargos do sistema de cobrança extrajudicial, eis que se a cobrança perfectibilizar-se através de ação judicial específica, as despesas realizadas, bem como os honorários advocatícios, serão carreados àquele que deu causa à propositura da demanda ou à instauração do incidente processual, de acordo com o princípio da causalidade, no qual está contido o princípio da sucumbência, adotado pelo Estatuto Processual Civil Pátrio, segundo o preceituado no artigo 20, *caput*, combinado com o artigo 22.[106]

Ademais, somente serão devidos honorários advocatícios, por parte do consumidor, se houver o ajuizamento da ação judicial correspondente, segundo o preceituado no item 9 da Portaria nº 4, de 13 de março

---
[105] Ver: LISBOA, Roberto Senise. Ob. cit. *Contratos Difusos e Coletivos*, p. 359.
[106] Assim: SANTOS FILHO, Orlando Venâncio dos. "O Ônus do Pagamento dos Honorários Advocatícios e o Princípio da Causalidade". *Revista dos Tribunais*, volume 748. São Paulo: Revista dos Tribunais, Fevereiro/1998, p. 74/84.

de 1998, da Secretaria de Direito Econômico do Ministério da Justiça, autorizada pelo artigo 56 do Decreto nº 2.181, de 20 de março de 1997.

Em conclusão, o Estatuto Consumerista permite a estipulação contratual, no sentido de que os encargos relativos à cobrança de débitos sejam carreados ao consumidor, porém, somente se igual direito for conferido a este, caso necessária a cobrança do cumprimento da obrigação por parte do fornecedor.[107]

3.2.5. A cláusula de modificação unilateral do contrato

O artigo 51, inciso XIII, do Código de Defesa do Consumidor comina de nulidade cláusulas contratuais que "autorizem o fornecedor a modificar unilateralmente o conteúdo ou a qualidade do contrato, após sua celebração".

A doutrina clássica destaca entre os princípios gerais do contrato a autonomia da vontade, o consensualismo, a igualdade, a obrigatoriedade, a intangibilidade, a inalterabilidade, a relatividade dos efeitos e a boa-fé.

Sem manifestação de vontade, autônoma e livre, ainda que tácita, não há contrato. Caso ocorra a convergência de declarações de vontade verificar-se-á o consensualismo e, em conseqüência, estará formado o contrato. A igualdade entre as partes contratantes é caracterizada pela concessão de oportunidades idênticas à celebração do contrato. Por sua vez, a obrigatoriedade, que delimita a liberdade, serve, principalmente, de fator de estabilidade à relação contratual, ensejando aos contraentes a segurança de que os termos da avença serão reciprocamente respeitados. Tônica importante da estabilidade da relação jurídica, a partir da obrigatoriedade do cumprimento do conteúdo do contrato, é a imutabilidade do pacto. Se é certo que as partes têm a

---
[107] Nesse sentido: NERY JÚNIOR, Nelson. Ob. cit., *CDC Comentado*, p. 518.

liberdade de estabelecer as condições negociais, não devem as mesmas promover mutações desnecessárias na avença, não podendo, também, qualquer delas, arbitrariamente, modificar qualquer dispositivo inserto no instrumento contratual.

Segundo a concepção original do princípio da relatividade dos efeitos, o contrato se restringe às partes que o celebraram. Com a massificação das relações e o surgimento dos contratos de adesão, os negócios jurídicos passaram a interessar a terceiros, os quais têm legitimidade para oferecer oponibilidade externa, face à cláusula abusiva disposta em contrato de adesão. Como exemplo, podemos citar o dispositivo do artigo 51, § 4º, do CDC, pelo qual "é facultado a qualquer consumidor ou entidade que o represente requerer ao Ministério Público que ajuíze a competente ação para ser declarada a nulidade de cláusula contratual que contrarie o disposto neste Código ou de qualquer forma não assegure o justo equilíbrio entre direitos e obrigações das partes".

Por fim, entre as partes contratantes, deve existir uma relação de confiança mútua e fidelidade ao conteúdo do contrato, porquanto a lealdade da palavra, a fidelidade no tratamento e o cumprimento adequado das obrigações no tempo, no lugar e no modo convencionados são o alicerce da boa-fé negocial. A partir do princípio da boa-fé explica-se a existência de deveres secundários, correlatos, paralelos ou laterais do contrato.[108]

Da análise dos princípios gerais do contrato, verifica-se que a vedação à modificação unilateral de qualquer dispositivo inserto no instrumento da avença tem por base a segurança negocial e a estabilidade jurídica. Desse modo, somente em situações críticas é possível a modificação dos termos do negócio. Entretanto, deve ser levada a cabo por tratativas bilaterais das partes contra-

---
[108] Ver: LISBOA, Roberto Senise. "Princípios Gerais dos Contratos". *Revista dos Tribunais*, volume 745. São Paulo: Revista dos Tribunais, Novembro/1997, p. 27/40.

tantes, ou através da ação judicial específica, quando acontecimentos extraordinários determinarem radical alteração no estado de fato contemporâneo à celebração do contrato, que venham a acarretar conseqüências imprevisíveis, das quais decorra onerosidade excessiva no cumprimento da obrigação, a qualquer dos contratantes.

O Estatuto Consumerista, no artigo 6°, inciso V, elenca como direito básico do consumidor "a modificação das cláusulas contratuais que estabeleçam prestações desproporcionais ou sua revisão em razão de fatos supervenientes que as tornem excessivamente onerosas". É lógico que a modificação ou revisão das cláusulas do contrato, conforme previsto na norma retrocitada, somente poderá ocorrer, se não houver consenso entre as partes, através da ação específica, na qual buscar-se-á restabelecer o equilíbrio contratual, oportunizando, desse modo, que o pacto cumpra a sua função social de fazer circular a riqueza, sem configurar-se um prejuízo individualizado no consumidor, vulnerável na relação, e, em conseqüência, sem que, da mesma forma, individualize-se, na figura do fornecedor, o enriquecimento sem causa.[109]

Desse modo, a permitir-se a modificação unilateral do contrato, ao fornecedor, além da agressão aos princípios da intangibilidade e da inalterabilidade do pacto, o que viria a causar insegurança nos negócios e desestabilidade jurídica, estar-se-ia violando flagrantemente o princípio da isonomia, previsto no artigo 5°, *caput*, da Constituição Federal e no artigo 6°, inciso II, do CDC, eis que ao fornecedor estaria permitida a conduta direta no sentido de modificar os termos da avença (como ato tendente à realização de pretenso direito), enquanto ao consumidor, como direito básico (artigo 6°, inciso V, do CDC), somente seria permitida a via judicial, provocando a atividade jurisdicional do Estado, que, como sabi-

---

[109] Assim: MORAES, Paulo Valério Dal Pai. Ob. cit. *O Princípio da Vulnerabilidade no Código de Defesa do Consumidor*, p. 215.

do, é exercida em substituição aos jurisdicionados. Esta situação, convenhamos, não tem um mínimo de lógica e bom-senso.[110]

3.3. A abusividade das cláusulas surpresa

A vedação a tal tipo de cláusula contratual tem íntima relação com a cláusula geral de boa-fé prevista no artigo 51, inciso IV, do CDC, eis que ambas são configuradoras de uma técnica de interpretação das relações jurídicas de consumo, bem como, verdadeiros e abrangentes pressupostos negativos da validade e eficácia do contrato entabulado entre consumidor e fornecedor. Desse modo, as cláusulas contratuais devem obediência aos princípios da boa-fé e da eqüidade, não devendo, em conseqüência, surpreender o consumidor após a conclusão do negócio, eis que este contratou sob determinadas circunstâncias e segundo a aparência global do contrato.

Para a caracterização da estipulação vedada, são necessários dois requisitos: um de ordem objetiva e outro de ordem subjetiva. O pressuposto objetivo é o de que a surpresa seja extraordinária, certificando-se pela

---

[110] Esclarecedor, neste sentido, é o Acórdão prolatado na Ap. Cív. nº 596088799, 6ª Câm. Cível do TJRGS, j. em 18.06.1996, Rel. Des. Paulo Roberto Hanke, publicado na *RJTJRGS* nº 181/309, do qual se extrai o seguinte tópico: "(...). Veja-se que a seguradora, em plena vigência do contrato, insere, forma unilateral, cláusula introduzindo critério novo, no que diz com o limite de idade. Chega ao ponto de afirmar que, como o segurado já conta com 69 anos de idade, ocorreu a cessação da cobertura do risco, quando o segurado completou 60 anos, i. é, em 20-09-86. No entanto, vem descontando do segurado, em folha, mensalmente, o valor do prêmio, desde a adesão ao plano, em 1982. Não surpreende este tipo de conduta da seguradora, mesmo num caso com os matizes dramáticos do que ora se cuida, no qual a doença mutilou, em grau máximo, a saúde do segurado. O que impressiona é que a seguradora, como, de resto, outras tantas, ante um quadro de tal dramaticidade, procurou postergar o pagamento do seguro, com argumentos de todo improcedentes, eivados de má-fé e com base em cláusula surpresa ou em argumentos de suposta validade. Afronta, desta forma, o princípio básico de boa-fé que deve presidir os contratos. Age, a seguradora, repito, de má-fé, consciente e deliberada, ao procurar esgrimir com fundamentos baseados em tecnicismos que, no caso, além de improcedentes, agridem o mínimo bom-senso. (...)".

natureza do negócio jurídico examinado, de acordo com as regras ordinárias e de lealdade, informadoras do comportamento dos contratantes. O pressuposto subjetivo é caracterizado a partir da constatação da falta de informação adequada do consumidor sobre o conteúdo global do contrato.

Para configurar-se como cláusula surpresa, proibida pelo sistema, não basta que o conteúdo do contrato seja complicado ou complexo, mas é necessário que dele exsurja um efeito surpresa ou de burla, ocorrentes pela falta de esclarecimentos adequados sobre o conteúdo e o alcance do contrato, incumbência carreada ao fornecedor, segundo o disposto no artigo 46 do CDC.[111]

E a jurisprudência pátria nesse sentido tem decidido.[112]

3.3.1. A cláusula surpresa

O inciso V do artigo 51 do CDC, inspirado no § 3º da AGB-Gesetz Alemã, cominava de nulidade as cláusulas contratuais que "segundo as circunstâncias, e em particular, segundo a aparência global do contrato, venham, após sua conclusão, a surpreender o consumidor". Apesar do veto, este tipo de cláusulas continuam proibidas, visto que contrariam os princípios da boa-fé

---

[111] Assim: NERY JÚNIOR, Nelson. Ob. cit., *CDC Comentado*, p. 503/504.
[112] Ap. 240.429.2/6, 16ª Câm. Cível do TJSP, j. 25.10.94, Rel. Des. Pereira Calças, publicado na *RT* 719/129, cuja ementa dispõe: "A cláusula que exclui o direito à internação hospitalar, em letras bem pequenas, evidencia que a contratada não cumpriu com a obrigação legal de dar destaque às limitações do direito do consumidor (art. 46 do CDC). De se concluir, portanto, que o caso *sub judice* não pode ser solucionado pura e simplesmente com a invocação do vetusto princípio do *pacta sunt servanda*, já que, tratando de relacionamento contratual de adesão, formado entre consumidor hipossuficiente e iletrado e empresa de assistência médico-hospitalar dirigida por médico, incide com toda sua plenitude o Código de Defesa do Consumidor, sendo de rigor a aplicação dos arts. 46 e 47 do Codex. A conclusão, portanto, é a da procedência da ação, para o fim de se reconhecer a responsabilidade da contratada pelo pagamento das despesas médico-hospitalares decorrentes da internação do contratante".

(artigo 4º, inciso III, do CDC), do direito à informação adequada e clara do consumidor (artigo 6º, inciso III, do CDC), do dever de informação do fornecedor (artigo 46 do CDC), além de estarem em desacordo com o sistema de proteção ao consumidor como um todo (artigo 51, inciso XV, do CDC).[113]

A regra de conduta vetada tinha como escopo primordial proteger o consumidor ingênuo e não informado, proteção, aliás, inserida na norma do artigo 46, retrocitada, a qual impõe ao fornecedor o dever de informar o consumidor, previamente, sobre o conteúdo efetivo do contrato, bem como esclarecer eventuais dúvidas, sob pena de o pactuado não obrigar o consumidor. Esta cognoscibilidade abarca a virtualidade do conhecimento (poder conhecer) e a virtualidade da compreensão (poder compreender), não se confundindo com aceitar ou consentir. Desse modo, a declaração aposta ao final dos contratos de adesão, no sentido de que o consumidor conhece e compreende as cláusulas e condições gerais de contratação, não tem qualquer valor, pois é incumbência do fornecedor a prova de que assegurou os meios para tal, em relação a todos os potenciais consumidores. Com a exigência legal (artigo 46 do CDC), de fácil compreensão prévia e de garantia de razoável esclarecimento, procura-se proteger o consumidor contra as denominadas cláusulas surpresa, que aparentam um sentido eqüitativo e, às vezes, até favorável ao consumidor, mas que, ao revés, contêm formulações engenhosas, dúbias ou contraditórias, que, invariavelmente, provocam efeitos contrários aos esperados pelo vulnerável.[114]

Um exemplo de cláusula surpresa é a afirmação de um fornecedor de serviços, em contrato de consumo firmado, que é médico regularmente inscrito no Conselho Regional de Medicina, outorgando ao consumidor a tranqüilidade de estar contratando com profissional

---
[113] Assim: NERY JÚNIOR, Nelson. Ob. cit., *CDC Comentado*, p. 503.
[114] Ver: LÔBO, Paulo Luiz Neto. Ob. cit., p. 138/139.

habilitado à execução do contrato. Essa declaração pode configurar-se como cláusula surpresa, ensejando a resolução do contrato em favor do consumidor, no momento em que se configurar que o prestador de serviços não é efetivamente médico.[115]

No Código de Defesa do Consumidor, outras cláusulas surpresa são consideradas nulas, como as mencionadas nos incisos VII e VIII do artigo 51, as quais analisaremos, em tópicos distintos, a seguir.

3.3.2. A cláusula de utilização compulsória da arbitragem

A arbitragem, também denominada juízo arbitral, não é nenhuma novidade na história do Direito, sendo a primeira e mais primitiva forma utilizada para a solução de conflitos de interesses oriundos das relações humanas.

Desde as primeiras fases do processo romano, tinha a conotação de um contrato, formalizado e realizado entre partes iguais, tanto que as rígidas *legis actiones*, reguladoras da arbitragem na época (754 a.C. a 130 a.C.), eram apenas reservadas aos cidadãos romanos dotados do *status civitatis*.

No Brasil, desde o Código Comercial de 1850, passando pelo Código Civil de 1916, e os Estatutos Processuais Civis de 1939 e 1973, admite-se que pessoas capazes, em eventual litígio relativo a direito patrimonial disponível, outorguem a um juízo arbitral, fora da jurisdição estatal, a incumbência de dirimir suas controvérsias. Entretanto, em todo esse tempo, a arbitragem foi muito pouco utilizada, talvez em razão da sistemática do Código Civil de 1916 e do Código de Processo Civil, onde a cláusula compromissória constituía mera

---
[115] Esse exemplo é citado por NERY JÚNIOR, Nelson, como decisão do Superior Tribunal Federal da Alemanha, por Acórdão de 17.05.82. Ob. cit., CDC Comentado, p. 505.

promessa de contratar, incapaz, assim, de obrigar a parte a submeter-se, efetivamente, ao juízo arbitral.[116] Atualmente, o Código Civil/2002 dispõe, no artigo 853: "Admite-se nos contratos a cláusula compromissória, para resolver divergências mediante juízo arbitral, na forma estabelecida em lei especial."
A lei especial em vigor é a Lei n° 9.307, de 23 de setembro de 1996, denominada Lei de Arbitragem, que, no artigo 4°, *caput*, preceitua: "A cláusula compromissória é a convenção através da qual as partes em um contrato comprometem-se a submeter à arbitragem os litígios que possam vir a surgir, relativamente a tal contrato". Desse modo, a cláusula compromissória, que possuía características de *pactum de contrahendo*, valendo como simples promessa de comprometer, passou, com a nova lei, ao *status* de *pactum de compromittendo*, negócio jurídico de direito privado, por intermédio do qual as partes se comprometem a instituir a arbitragem, no futuro, para dirimir litígios relativos a direitos patrimoniais disponíveis. A obrigação contraída, através da cláusula compromissória, é de fazer, ensejando, o seu inadimplemento, a execução específica, segundo o disposto no artigo 7° e seus parágrafos da Lei de Arbitragem.[117] O resultado prático desse procedimento judicial, a seguir-se a "letra fria" da lei, será a instituição forçada do juízo arbitral, exemplificação clara de que na hipótese se cuida, especificamente, de cláusula que acaba por impor a utilização compulsória de arbitragem, situação incompatível com o preceituado no artigo 51, inciso VII, do CDC, *verbis*: "São nulas de pleno direito, entre outras, as cláusulas contratuais relativas ao fornecimento de produtos e serviços que: ...determinem a utilização compulsória de arbitragem".

---

[116] Ver: GREBLER, Eduardo. "Arbitragem nos Contratos Privados". *Revista dos Tribunais*, volume 745. São Paulo: Revista dos Tribunais, Novembro/1997, p. 59/66.
[117] Assim: NERY JÚNIOR, Nelson. *Código de Processo Civil Comentado*. 4ª edição. São Paulo: Revista dos Tribunais, 1999, p. 1.729.

O Projeto que deu origem à Lei nº 9.307/96 previa, expressamente, a revogação do dispositivo legal que considera abusiva e, como tal, nula de pleno direito, a cláusula de instituição compulsória da arbitragem, nos contratos que envolvam relações de consumo (artigo 51, inciso VII, do CDC). Porém, através de emenda de caráter supressivo, o legislador retirou do Projeto a revogação do aludido dispositivo legal, por entender que a arbitragem não se aplica na solução dos litígios decorrentes do Código de Defesa do Consumidor.[118]

Apesar destas constatações, da inocorrência de derrogação do inciso VII do artigo 51 do CDC, tanto de forma explícita, já que o artigo final da Lei nº 9.307/96 a ele não se refere, como de forma implícita ou tácita, porquanto cuidando-se de lei especial, de ordem pública e interesse social (a Lei 8.078/90), não pode ser derrogada por lei de caráter dispositivo e genérico (a Lei 9.307/96), parte da doutrina mostra grande preocupação com o dispositivo constante do artigo 4º, § 2º, da Lei de Arbitragem, o qual permite a inclusão de cláusula compromissória nos contratos de adesão embasado na ficção de que o aderente a instituiu, por iniciativa própria, ou concordou expressamente com a sua instituição.[119]

Não obstante esta louvável preocupação, não se deve olvidar que o simples fato de uma cláusula compromissória, em contrato de consumo, observar as formalidades previstas no aludido dispositivo (artigo 4º, § 2º, da Lei nº 9.307/96), não tem o condão de reconhecê-la como válida, pois é necessário analisá-la sob a luz do microssistema de proteção do consumidor, no que tange à substância da cláusula compromissória, que não pode estabelecer obrigações iníquas, que coloquem o consumidor em desvantagem exagerada ou sejam incompatí-

---
[118] Ver: MACEDO JÚNIOR, Ronaldo Porto. "Histórico da Lei de Arbitragem". *Revista de Direito do Consumidor*, volume 21. São Paulo: Revista dos Tribunais, Janeiro/Março - 1997, p. 236/299.
[119] Nesse sentido: MARQUES, Cláudia Lima. Ob. cit., *Contratos no CDC*, p. 887.

veis com a boa-fé ou a eqüidade. A se admitir a validade da cláusula compromissória, nas relações contratuais de consumo, importante a constatação de que o litígio instaurado somente pode ser solucionado pela aplicação das normas (regras e princípios), constantes do Estatuto de Proteção do Consumidor, as quais, por expressa determinação legal, são qualificadas como "de ordem pública e interesse social", inafastáveis, portanto, por mera vontade das partes, segundo se depreende da exegese do artigo 2º, § 1º, da Lei de Arbitragem.[120]

Como reforço à aplicação do Código de Defesa do Consumidor, se reconhecida válida a instauração do juízo arbitral, para a regulação da relação contratual de consumo, verifica-se que a própria Lei nº 9.307/96, no artigo 21, § 2º, exige o respeito, no procedimento arbitral, aos princípios do contraditório e da igualdade das partes. Ora, como sabido, dar tratamento isonômico às partes significa tratar igualmente os iguais e desigualmente os desiguais, na exata medida de suas desigualdades. Por essa razão, o artigo 4º, inciso I, do CDC, reconhece o consumidor como a parte fraca (vulnerável) na relação de consumo.[121] E o artigo 47 do Estatuto Protetivo dispõe que as cláusulas contratuais, nas relações de consumo, deverão ser interpretadas de modo mais favorável ao consumidor, em todo e qualquer pacto ou estipulação negocial, seja pela forma escrita ou verbal, pela técnica de contrato de adesão ou de contrato de comum acordo.[122]

Como derradeiro fundamento à inaplicabilidade da Lei de Arbitragem às relações contratuais de consumo, lembremo-nos, como já mencionado, que no ordenamento jurídico pátrio, a promoção da defesa do consu-

---
[120] Nesse sentido: ROCHA, Sílvio Luís Ferreira da. "A Cláusula Compromissória Prevista na Lei 9.307, de 23.09.1996 e as Relações de Consumo". *Revista de Direito do Consumidor*, volume 21. São Paulo: Revista dos Tribunais, Janeiro/Março - 1997, p. 32/37.
[121] Ver: NERY JÚNIOR, Nelson. *Princípios do Processo Civil na Constituição Federal.* 6ª edição. São Paulo: Revista dos Tribunais, 2000, p. 43.
[122] Assim: NERY JÚNIOR, Nelson. Ob. cit., *CDC Comentado*, p. 475.

midor, por parte do Estado (aqui incluídos, os Poderes Executivo, Legislativo e, principalmente, o Judiciário), é um direito e garantia fundamental da pessoa (artigo 5º, inciso XXXII, da Constituição Federal). Assim, cientificamente, em consonância com a melhor doutrina, como a uma norma constitucional deve ser atribuído o sentido que maior eficácia lhe dê, no âmbito dos direitos fundamentais, no caso de dúvida, deve preferir-se a interpretação que lhes reconheça maior eficácia.[123]

Portanto, em razão dos fundamentos apontados, conclui-se, apesar de alguns posicionamentos contrários,[124] que vigora plenamente a regra de conduta prevista no artigo 51, inciso VII, do CDC, que considera nula, por ser abusiva, a cláusula compromissória, não se aplicando, por via de conseqüência, a Lei de Arbitragem às relações contratuais de consumo, por absoluta incompatibilidade com o direito e garantia fundamental do consumidor de ter promovida a sua defesa por parte do Estado, aqui incluído o "Estado-Juiz".

3.3.3. A cláusula de representante imposto

O Código Civil/2002, no artigo 653, (assim como estabelecia o Código Civil/1916, artigo 1.288) define o instituto do mandato como o contrato pelo qual alguém confere poderes a outrem para que, em seu nome, execute atos jurídicos ou administre interesses.[125]

Vislumbra-se, através da conceituação supra, que o elemento caracterizador do contrato de mandato é a representação, a qual se verifica quando o representante pratica determinados atos ou negócios jurídicos em nome e no interesse do representado. A representação,

---
[123] Nesse sentido: CANOTILHO, José Joaquim Gomes. Ob. cit., p. 1.149.
[124] Assim: NERY JÚNIOR, Nelson. Ob. cit., *CDC Comentado*, p. 511/512.
[125] Assim: BEVILAQUA, Clovis. *Código Civil dos Estados Unidos do Brasil Comentado*. Edição Histórica, volume 4. Rio de Janeiro: Editora Rio, 1958, p. 399.

assim, é a própria consecução, o próprio objeto do contrato de mandato, nexo de interdependência que nos permite examiná-los como se fossem uma coisa só.[126]

É comum nos contratos bancários, de cartões de crédito, de incorporação imobiliária, de locação, de *leasing* e outros, a existência de cláusula pela qual o devedor (na maioria das vezes, consumidor) nomeia seu procurador, em caráter irrevogável e irretratável, representante indicado pelo credor (fornecedor) para concluir ou realizar outros negócios jurídicos (geralmente sacar títulos abstratos), ou para modificar unilateralmente as bases do negócio em curso.[127]

Esta cláusula, denominada pela doutrina de cláusula-mandato, possui validade discutível, mesmo no Direito Comum, eis que permite, antecipadamente, o exercício de um direito além do exigível pelo tipo de contrato assinado e, muitas vezes, para além dos parâmetros de conduta, com base na boa-fé, exigidos na execução dos contratos. O artigo 115 do Código Civil/1916 (atualmente, artigo 122 do Código Civil/2002) era utilizado para esclarecer o caráter abusivo e potestativo deste tipo de cláusula, que era inserida tanto em contratos entre iguais, como entre desiguais (fornecedor e consumidor, por exemplo).

Após um vacilo inicial, na visualização do abuso, pela simples inclusão deste tipo de cláusula nas relações contratuais de massa, baseado na posição do Pretório Excelso, que distinguia o "uso" do mandato do "abuso" do mandato, posição que validava a cláusula-mandato não-abusiva, consolidou-se a jurisprudência pátria com a edição da Súmula nº 60 do Superior Tribunal de Justiça, que dispõe: "É nula a obrigação cambial assumida por procurador do mutuário vinculado ao mutuante, no exclusivo interesse deste".[128]

---

[126] Ver: NERY JÚNIOR, Nelson. Ob. cit., *CDC Comentado*, p. 513.
[127] MARQUES, Cláudia Lima. Ob. cit., *Contratos no CDC*, p. 893.
[128] Idem, p. 897/898.

O Estatuto Consumerista, por sua vez, visualizando aquela abusividade, facilmente imposta em cláusula de contrato de adesão, no mercado de consumo, classificou-a como nula de pleno direito, no artigo 51, inciso VIII, que dispõe: "São nulas de pleno direito, entre outras, as cláusulas contratuais relativas ao fornecimento de produtos e serviços que: ... imponham representante para concluir ou realizar outro negócio jurídico pelo consumidor".

O Terceiro Congresso Brasileiro de Direito do Consumidor, realizado em Brasília, em 1994, através da conclusão nº 11, assim se manifestou sobre a mesma temática: "É abusiva, nos contratos relativos às relações de consumo, cláusula que outorgue poderes ao mandatário, em conflito de interesses com o mandante, ou que lhe seja lesivo".

Esta posição da doutrina e da jurisprudência, contrária à estipulação deste tipo de cláusula contratual, originou-se, sem dúvida, da utilização deturpada do instituto do mandato, a qual agride, frontalmente, dois dos mais importantes princípios aplicáveis às relações de consumo, quais sejam: o da transparência e o da confiança, insculpidos no artigo 4º, e seus incisos, do CDC. E nesse sentido, nunca é demais recordar, que violar um princípio é mais grave que violar uma regra jurídica, porque os princípios são normas jurídicas que se colocam num plano distinto daquele em que se encontram as regras.[129]

A cláusula-mandato, como visto, quebra a comutatividade do contrato, desequilibrando-o e onerando excessivamente um dos contraentes, sujeitando-o ao arbítrio do outro e concedendo-lhe vantagem excessiva, vantagem esta contrária ao princípio da boa-fé (artigo 4º, inciso III, do CDC), na execução do contrato, por conceder um direito (*rectius*: poder) desacompanhado

---
[129] Nesse sentido: GRAU, Eros Roberto. "Interpretando o Código de Defesa do Consumidor; Algumas Notas". *Revista de Direito do Consumidor*, volume 5. São Paulo: Revista dos Tribunais, Janeiro/Março - 1993, p. 183/189.

de qualquer reflexo obrigacional correspondente. Em função dessa grave anomalia, constatada pela jurisprudência, o Código Civil/2002, nas disposições gerais relativas aos contratos, dispõe expressamente que "a liberdade de contratar será exercida em razão e nos limites da função social do contrato" (artigo 421); e que "os contratantes são obrigados a guardar, assim na conclusão do contrato, como em sua execução, os princípios de probidade e boa-fé" (artigo 422).

Em conclusão, nos contratos que envolvem relações de consumo (e, atualmente, nas relações de Direito Comum), a cláusula-mandato, ou cláusula de representante imposto, extrapola os limites do razoável e do necessário à cooperação entre os contraentes, uma vez que é contrária à boa-fé e assecuratória de vantagem exagerada e desproporcional ao fornecedor, situação não esclarecida devidamente ao consumidor, por ocasião da firmatura do contrato, apanhando-o de surpresa, quando verifica a conclusão ou realização de outro negócio jurídico, que sequer havia cogitado e que, invariavelmente, nem condições econômicas possui para a sua concretização.

Derradeiramente, saliente-se ser da essência do mandato a revogabilidade e retratabilidade dos poderes conferidos pelo mandante. Assim, a cláusula-mandato, nos contratos de massa, que tem, normalmente, o caráter de irrevogabilidade e irretratabilidade, como integrantes do conteúdo do poder de representação, desnatura completamente o contrato de mandato, e, em conseqüência, invalida-o. E esta é a posição amplamente majoritária da jurisprudência.[130]

---

[130] Nesse sentido: Resp. 21.812-7-RJ, 3ª T. do STJ, j. 08.06.1992, Rel. Min. Dias Trindade, publicado na *Revista de Direito do Consumidor*, volume 22, p. 177, cuja ementa dispõe: "Tem-se por nula cláusula contratual pela qual o devedor é obrigado a outorgar mandato ao credor, ou a empresa de seu grupo econômico, para emitir títulos de crédito em favor do mesmo credor".
Também: Ap. Cível 191011477, 1ª Câm. Cível do TARGS, j. 9.4.1991, Rel. Juiz Juracy Vilela de Souza, publicado na *Revista de Direito do Consumidor*, volume 6, p. 264, cuja ementa dispõe: "É nula a cláusula contratual que cria mandato para ser utilizado por pessoa jurídica, integrante do mesmo grupo econômico

3.4. A cláusula geral da boa-fé

A boa-fé apresenta-se e pode ser abordada em diversos aspectos na vida em sociedade. No aspecto psicológico, é o estado de espírito de quem acredita estar agindo em conformidade com as regras de boa conduta. Já no aspecto ético, boa-fé significa lealdade, franqueza, honestidade e conformidade entre o que se pensa, o que se diz e o que se faz.[131]

Juridicamente, a noção de boa-fé tem origem no Direito Romano, no qual a idéia de *fides* recebeu notável expansão e largo espectro de significados, variáveis segundo as influências filosóficas dos juristas romanos e consoante o ramo do Direito a ser aplicada. Teve grande repercussão nas relações de clientela, nos negócios contratuais e na proteção possessória.

Na cultura germânica, a boa-fé traduziu conotações diversas daquelas que a marcaram no Direito Romano, pois, ao invés de denotar a idéia de fidelidade ao pactuado, inseriu as idéias de lealdade (*treu*) e crença (*glauben*), as quais se reportam a qualidades ou estados humanos objetivados.

---
do mutuante, contra os interesses do mandante, porque abusiva e contrária ao que estabelece a Lei 8.078/90 (Código de Defesa do Consumidor)".
No mesmo sentido: Ap. Cível 62.917-6, 4ª Câm. Cível do TAPR, j. 23.02.1994, Rel. Juiz Ulysses Lopes, publicado na Revista de Direito do Consumidor, volume 17, p. 223, cuja ementa dispõe: "Enuncia a Súmula n° 60 do Superior Tribunal de Justiça: 'É nula a obrigação cambial assumida por procurador do mutuário vinculado ao mutuante, no exclusivo interesse deste'. A cártula foi emitida por empresa do mesmo grupo financeiro do apelante. Por ser nula a obrigação (o ato nulo é nada, é ninguém, é inexistente, não produz efeito jurídico, é ineficaz – os romanos já diziam: '*Non esse, vel esse nullum, paria sunt*' – inexistir ou ser nulo é a mesma coisa) o magistrado poderia levar isso em consideração. Tal agir não importa em vulnerar os artigos 128 e 460 do Código de Processo Civil. Aplicam-se à situação dos autos, os artigos 115 e 147 do Código Civil; o artigo 51, VIII, da Lei 8.078/90 (Código de Defesa do Consumidor); os artigos 301, § 4°, e 618, I, do Código de Processo Civil. Carvalho Santos quando comentou o artigo 147 do Código Civil ensinou que, quando o magistrado defrontar com um ato nulo, tem 'poder e, mais do que isso, dever' de pronunciar a nulidade 'de ofício, quando conhecer do ato ou dos seus efeitos'. Apelação não atendida por unanimidade de votos".
[131] SILVA, Agathe E. Schmidt da. "Cláusula Geral de Boa-Fé nos Contratos de Consumo". *Revista de Direito do Consumidor*, volume 17. São Paulo: Revista dos Tribunais, Janeiro/Março - 1996, p. 146/161.

Igualmente, o Direito Canônico trata da boa-fé em dois setores: na prescrição e na legitimação dos *nuda pacta*, ou seja, na tutela do usucapião e dos contratos consensuais. Porém, sua conotação não é idêntica à do Direito Romano, porquanto é vista como a "ausência de pecado", em contraposição à má-fé.[132]

Na concepção jurídica, a boa-fé apresenta-se sob dois enfoques: subjetivo e objetivo. A boa-fé subjetiva é o estado de consciência ou convencimento individual de obrar em conformidade ao Direito. Já a boa-fé objetiva é o modelo de conduta social, arquétipo ou *standard* jurídico, segundo o qual cada pessoa deve ajustar a sua conduta a este arquétipo, ou seja, obrando como obraria um ser humano reto: com honestidade, lealdade e probidade.[133]

Hodiernamente, a boa-fé apresenta-se sob a forma de princípio. E, conforme a melhor doutrina, o princípio é norma jurídica, visto que, se assim não for entendido, não tem nada a ver com o Direito, eis que não terá cogência e, não tendo cogência, não tem eficácia. Ratificando manifestação anterior: violar um princípio é mais grave do que violar uma regra, porque os princípios são normas jurídicas que se colocam num plano distinto do que se acham as regras. As regras jurídicas não comportam exceção, ou seja, quando temos duas regras em confronto (caso de antinomia) uma delas salta fora do sistema. Já os princípios jurídicos comportam exceção. Assim, quando temos um conflito entre princípios, nenhum deles é expulso do sistema. Por exemplo: no conflito entre o princípio do direito adquirido e o princípio do interesse público. Ora se privilegia o princípio do direito adquirido, ora o princípio do interesse público, e não ocorre a expulsão de nenhum deles do sistema jurídico.[134]

---

[132] MARTINS-COSTA, Judith. *A Boa-Fé no Direito Privado*. São Paulo: Revista dos Tribunais, 1999, p. 110/133.
[133] Idem. "Crise e Modificação da Idéia de Contrato no Direito Brasileiro". *Revista de Direito do Consumidor*, volume 3. São Paulo: Revista dos Tribunais, Setembro/Dezembro - 1992, p. 127/154.
[134] Nesse sentido: GRAU, Eros Roberto. Ob. cit., p. 188/189.

Desse modo, os princípios jurídicos são pautas genéricas, não aplicáveis à maneira do "tudo ou nada", que estabelecem verdadeiros programas de ação para o administrador, para o legislador e para o julgador. Por sua vez, as regras jurídicas são prescrições específicas que estabelecem pressupostos e conseqüências determinadas, formuladas para serem aplicadas a situações especificadas.[135]

Particularmente, o princípio da boa-fé pode encontrar amparo legal, inserindo-se em uma cláusula geral (v.g.: no § 242 do BGB), como, também, vigorar como um princípio subjacente ao ordenamento jurídico, aflorando, casuisticamente, na construção do caso concreto. Nesta última feição é que o princípio da boa-fé se fez presente no ordenamento jurídico pátrio, ante a ausência de explicitação legal, no Código Civil de 1916, e a não-utilização devida do artigo 131, inciso I, do Código Comercial, por parte da doutrina e da jurisprudência.[136]

Esta configuração, embora fosse omitida na maioria da doutrina nacional, era, sub-repticiamente, aceita pelos Tribunais, os quais se guiavam pela referida principiologia,[137] fundada em estudo doutrinário clássico que afirma: "Quando num código não se abre espaço para um princípio fundamental, como se fez com o da boa-fé, para que seja enunciado com a extensão que se pretende, ocorre ainda assim a sua aplicação por ser o resultado de

---

[135] AMARAL JÚNIOR, Alberto do. "A Boa-Fé e o Controle das Cláusulas Contratuais Abusivas nas Relações de Consumo". *Revista de Direito do Consumidor*, volume 6. São Paulo: Revista dos Tribunais, Abril/Junho - 1993, p. 27/33.
[136] Ver: SILVA, Luís Renato Ferreira da. *Revisão dos Contratos: Do Código Civil ao Código do Consumidor*. Rio de Janeiro: Forense, 1998, p. 52.
[137] Nesse sentido: Ap. Cível nº 588042580, 5ª Câm. Cível do TJRGS, j. 16.8.1988, Rel. Des. Ruy Rosado de Aguiar Júnior, publicado na *RJTJRGS* 133/401, cuja ementa dispõe: "Compra e venda. Resolução. Culpa '*Post Pactum Finitum*'. O vendedor que imediatamente após a venda torna inviável à compradora dispor do bem, ameaçando-a de morte e escorraçando-a do lugar, para aproveitar-se disso e vender a casa para outrem descumpre uma obrigação secundária do contrato e dá motivo à resolução. Princípio da boa-fé. Preliminar de nulidade rejeitada. Apelo provido em parte, apenas para suspender exigibilidade dos ônus da sucumbência".

necessidades éticas essenciais, que se impõem ainda quando falte disposição legislativa expressa".[138]

O Código Civil/2002, no seu artigo 422, corrigiu a omissão do Estatuto Civil de 1916, impondo aos contratantes que resguardem, tanto na conclusão quanto na execução do contrato, os princípios da probidade e da boa-fé. Esta norma prevê, como cláusula geral, a boa-fé objetiva, agora presente, expressamente, nas relações de Direito Comum.

O Código de Defesa do Consumidor refere-se à boa-fé objetiva em dois dispositivos: Artigos 4°, inciso III, e 51, inciso IV, os quais são assim redigidos:

"Art. 4°. A Política Nacional das Relações de Consumo tem por objetivo o atendimento das necessidades dos consumidores, o respeito à sua dignidade, saúde e segurança, a proteção de seus interesses econômicos, a melhoria da sua qualidade de vida, bem como a transparência e harmonia das relações de consumo, atendidos os seguintes princípios: (...)
III – harmonização dos interesses dos participantes das relações de consumo e compatibilização da proteção do consumidor com a necessidade de desenvolvimento econômico e tecnológico, de modo a viabilizar os princípios nos quais se funda a ordem econômica (art. 170 da Constituição Federal), *sempre com base na boa-fé* e equilíbrio nas relações entre consumidores e fornecedores". (grifou-se).

"Art. 51. São nulas de pleno direito, entre outras, as cláusulas contratuais relativas ao fornecimento de produtos e serviços que: (...)
IV – estabeleçam obrigações consideradas iníquas, abusivas, que coloquem o consumidor em desvantagem exagerada, *ou sejam incompatíveis com a boa-fé ou a eqüidade*"; (grifou-se).

---

[138] SILVA, Clóvis Veríssimo do Couto e. *O Direito Privado Brasileiro na Visão de Clóvis do Couto e Silva*; org. Vera Maria Jacob de Fradera. Porto Alegre: Livraria do Advogado, 1997, p. 49.

Para grande parcela da doutrina, no primeiro dispositivo mencionado (artigo 4°, inciso III), a boa-fé aparece como princípio orientador destinado ao administrador, ao legislador e ao julgador, no gerenciamento, na ordenação e na interpretação das relações de consumo. Está mencionado, também, no referido dispositivo, como critério auxiliar para a viabilização dos ditames constitucionais sobre a ordem econômica (artigo 170 da CF), trazendo à tona um aspecto nem sempre considerado da vinculação da boa-fé aos princípios socioeconômicos que presidem o ordenamento jurídico pátrio, atuando operativamente no âmbito da economia do contrato. Ou seja, a boa-fé não serve somente para a proteção do vulnerável na relação de consumo, mas, também, como fundamento orientador de uma interpretação garantidora da ordem econômica, compatibilizando interesses contraditórios, onde, eventualmente, poderá prevalecer o interesse contrário ao do consumidor, se o interesse social prevalente assim o determinar. Neste sentido, a aproximação dos termos *ordem econômica* e *boa-fé* serve para realçar que esta não é apenas um conceito ético, mas, igualmente, econômico, ligado à funcionalidade econômica do contrato e a serviço da finalidade econômico-social que o contrato persegue.[139]

No segundo dispositivo mencionado (artigo 51, inciso IV), a boa-fé atua como uma cláusula geral do Direito dirigida, especificamente, às relações entre consumidores e fornecedores, sendo utilizável sempre que, afora os casos enumerados na lei, a lealdade e a probidade são determinantes de deveres secundários ou impedientes do exercício do direito contrariamente à boa-fé.[140]

Importante esclarecer, neste ponto da análise, que respeitável doutrina assevera que as cláusulas gerais não são princípios, embora na maior parte dos casos os

---
[139] AGUIAR JÚNIOR, Ruy Rosado de. "A Boa-Fé na Relação de Consumo". *Revista de Direito do Consumidor*, volume 14. São Paulo: Revista dos Tribunais, Abril/Junho - 1995, p. 20/27.
[140] Ver: AGUIAR JÚNIOR, Ruy Rosado de. Ob. cit., *Cláusulas Abusivas no Código do Consumidor*, p. 19.

contenham em seu enunciado ou permitam a sua formulação.[141] Ademais, a regra do artigo 51, inciso IV, do CDC, não configuraria propriamente uma cláusula geral, mas, sim, conceito jurídico indeterminado, uma vez que ao julgador não é dado estabelecer as conseqüências da sua incidência, que já estão predeterminadas pelo legislador, ou seja, a nulificação da cláusula abusiva.[142]

Não obstante este posicionamento doutrinário, parcela não menos respeitável da doutrina aponta no sentido de que o dispositivo constante do artigo 51, inciso IV, do CDC, combinado com o § 1º deste mesmo artigo, constitui, no sistema do Estatuto Consumerista, a cláusula geral proibitória da utilização de cláusulas abusivas nas relações contratuais de consumo. As expressões utilizadas na norma, *boa-fé* e *eqüidade*, são amplas e subjetivas por natureza, deixando longa margem de ação ao julgador, cabendo, portanto, ao Poder Judiciário concretizar, através desta norma geral, a almejada justiça e eqüidade contratual.[143]

Ora, se as cláusulas gerais constituem o meio legislativamente hábil para permitir o ingresso no ordenamento jurídico de princípios valorativos, expressos ou não na lei, de *standards*, máximas de conduta, arquétipos exemplares de comportamento, das normativas constitucionais e de diretivas econômicas, sociais e políticas, viabilizando a sua sistematização no ordenamento positivo, podemos afirmar que a norma constante do artigo 51, inciso IV, do CDC, retromencionada, está mais para cláusula geral do que para conceito jurídico indeterminado, porquanto ao julgador é oportunizado o estabelecimento das conseqüências da sua incidência, que vão desde o reconhecimento da nulidade da cláusula contratual, até a sua modificação, na busca da alternativa mais

---

[141] Assim: MARTINS-COSTA, Judith. Ob. cit., *A Boa-Fé no Direito Privado*, p. 316.
[142] Ver: MARTINS-COSTA, Judith. "Princípio da Boa-Fé". *Revista da Associação dos Juízes do Rio Grande do Sul*, volume 50. Porto Alegre, Novembro/1990, p. 207/227.
[143] Assim: MARQUES, Cláudia Lima. Ob. cit. *Contratos no CDC*, p. 796.

útil e harmônica aos contratantes, que pode ser efetivada através de diretivas econômicas, de normativas constitucionais ou arquétipos exemplares de comportamento, em consonância com o princípio da integração dos contratos, insculpido no artigo 51, § 2º, do CDC, que dispõe: "A nulidade de uma cláusula contratual abusiva não invalida o contrato, exceto quando de sua ausência, apesar dos esforços de integração, decorrer ônus excessivo a qualquer das partes". Importante o esclarecimento de que a palavra *integrar*, constante do artigo 51, § 2º, do CDC, indica ação tendente a tornar inteiro, completar, incorporar-se, motivo pelo qual não pode haver dúvidas quanto à possibilidade de que sejam acrescidas palavras, termos e até mesmo períodos, objetivando a correta e ampla melhor interpretação do contrato para o consumidor, obviamente sem impor ônus excessivo ao fornecedor. Isto é típica função jurisdicional, pela qual o Estado, substituindo-se aos particulares, conduz a relação contratual a uma posição de ordem e equilíbrio.[144]

Em conclusão, a cláusula geral da boa-fé, positivada no artigo 51, inciso IV, do Código de Defesa do Consumidor, conduz a jurisprudência pátria a examinar o conteúdo de todas as relações contratuais de consumo a ela apresentadas, para decretar a nulidade ou modificar as cláusulas conflitantes com os critérios da boa-fé e equilíbrio nos contratos entre fornecedores e consumidores.

3.5. A cláusula possibilitadora de violação de normas ambientais

"São nulas de pleno direito, entre outras, as cláusulas contratuais relativas ao fornecimento de produtos e serviços que: (...) infrinjam ou possibilitem a violação de

---
[144] Assim já nos manifestamos: BONATTO, Cláudio e MORAES, Paulo Valério Dal Pai. Ob. cit., p. 196.

normas ambientais" (artigo 51, inciso XIV, do Código de Defesa do Consumidor).

Impede-se, ou pelo menos tenta-se impedir, com este dispositivo legal, a estipulação de cláusula contratual que se constitua em ameaça ao meio ambiente, protegendo-se, desse modo, o ser humano e os recursos ambientais relativos à atmosfera, às águas interiores, superficiais e subterrâneas, os estuários, o mar territorial, o solo, o subsolo, os elementos da biosfera, a fauna e a flora.

Não há como negar que as questões relativas à proteção do consumidor e do meio ambiente são as que mais têm despertado a atenção dos juristas e dos legisladores, inclusive em nível constitucional, eis que a "defesa do consumidor" e a "defesa do meio ambiente" são erigidas a princípios da ordem econômica (artigo 170, incisos V e VI, da Constituição Federal), o que torna evidente a preocupação da sociedade com novos acontecimentos que podem afetar a vida da população em geral, principalmente das pessoas que se encontram nas imediações das instalações onde são produzidos os bens de consumo, porquanto, a fabricação, a construção, a produção, o transporte e a utilização de produtos têm causado danos de vulto ao meio ambiente, assumindo a resolução desses problemas, atualmente, uma importância vital para o ser humano, haja vista as grandes ameaças que o "consumismo desenfreado" está causando ao nosso *habitat* natural.

Exatamente por isso, o Estatuto Consumerista, em seus princípios basilares e fundamentais, prevê normas-objetivo tendentes à "melhoria da qualidade de vida" e a "compatibilização da proteção do consumidor com a necessidade de desenvolvimento econômico e tecnológico" (artigo 4º, *caput* e inciso III, do CDC), bem como direitos básicos do consumidor, no que tange à "proteção da vida, saúde e segurança contra os riscos provocados por práticas no fornecimento de produtos e serviços considerados perigosos ou nocivos" (artigo 6º, inciso I, do CDC).

Estas normas, pinçadas entre outras não menos importantes, demonstram a "vulnerabilidade ambiental" do consumidor, eis que elas exercem a função de tentar igualar os naturalmente desiguais, impedindo, assim, que a produção econômica e tecnológica venha a se sobrepor a valores fundamentais, como a vida, a saúde e a segurança do ser humano, facilmente atingíveis, maculados ou ofendidos, em decorrência da necessidade imanente de consumir.[145]

O direito ao meio ambiente hígido e ecologicamente equilibrado é bem jurídico de uso comum do povo e essencial à sadia qualidade de vida, tutelado pelo artigo 225 da Constituição Federal, sendo dever do Poder Público e de toda a coletividade a sua preservação. Por essa razão, toda cláusula contratual que possibilitar, em tese, a prática de ato ou celebração de negócio jurídico que tenha potencialidade para agredir o meio ambiente é considerada abusiva pelo Estatuto Consumerista. Não há a necessidade da efetiva agressão ao meio ambiente, bastando, para caracterizar a abusividade, que a cláusula contratual possibilite a ofensa ambiental.

A proibição alcança, também, as cláusulas contratuais que estejam em desacordo com as normas ambientais, legais ou administrativas, nestas incluídas as Resoluções do CONAMA (Conselho Nacional do Meio Ambiente).[146]

É importante frisar que o termo *meio ambiente*, designativo de direito fundamental de terceira geração,[147] deve ser tomado em sua acepção mais ampla, incluído nele o meio ambiente natural ou físico, definido no artigo 3º, inciso I, da Lei nº 6.938, de 31 de agosto de 1981, como: "o conjunto de condições, leis, influências e

---

[145] Nesse sentido, excelente análise: MORAES, Paulo Valério Dal Pai. Ob. cit., *O Princípio da Vulnerabilidade*, p. 161/174.
[146] Ver: NERY JÚNIOR, Nelson. Ob. cit., *CDC Comentado*, p. 519.
[147] LORENZETTI, Ricardo Luis. *Fundamentos do Direito Privado*. São Paulo: Revista dos Tribunais, 1998, p. 153/154.

interações de ordem física, química e biológica, que permite, abriga e rege a vida em todas as suas formas"; o meio ambiente artificial, constituído pelo espaço urbano construído, consubstanciado no conjunto de edificações (espaço urbano fechado) e dos equipamentos públicos, tais como: praças, áreas verdes, arruamentos e espaços livres em geral (espaço urbano aberto); o meio ambiente cultural, composto pelo patrimônio histórico, artístico, arqueológico, paisagístico, turístico, etc.; e o meio ambiente do trabalho, relativo à salubridade e segurança no ambiente de trabalho, assegurado constitucionalmente como direito social (artigo 7°, inciso XXII, da Constituição Federal).[148]

Desse modo, coerente com seus princípios basilares de proteção à vida, à saúde e à segurança, bem como com os princípios constitucionais da ordem econômica (de defesa do consumidor e de defesa do meio ambiente), o Código de Defesa do Consumidor comina de nulas de pleno direito as cláusulas contratuais que infrinjam ou possibilitem a violação de normas ambientais.

---

[148] Ver: SILVA, José Afonso da. *Direito Ambiental Constitucional*. 2ª edição. São Paulo: Malheiros Editores, 1998, p. 3/5.

4. O controle das cláusulas abusivas nas relações contratuais de consumo

O Código de Defesa do Consumidor representa uma considerável modificação no ordenamento jurídico brasileiro, com a implantação de um novo regime legal para grande parcela das relações contratuais entabuladas no convívio social. A partir dele, tem-se o nascimento de um novo equilíbrio, desta vez imperativo, nas relações contratuais entre consumidores e fornecedores de produtos ou serviços.

Passa-se de uma visão liberal e individualista para uma visão social do contrato, na qual a função do Direito é garantir a eqüidade e boa-fé nas relações de consumo, superando o dogma da autonomia da vontade. O Estatuto Consumerista não representa o fim da autonomia privada nos contratos, mas, sim, uma potente intervenção do Estado, o que representa, em contrapartida, ampla redução do espaço anteriormente reservado à vontade do indivíduo.[149]

A padronização dos negócios, levadas a efeito por fornecedores de produtos ou serviços direcionados ao grande público, corresponde, nos dias de hoje, a uma racionalização necessária e útil aos participantes das relações contratuais de consumo, porquanto, impensável a tratativa ou negociação prévia de todas as cláusu-

---
[149] MARQUES, Cláudia Lima. Ob. cit. *Revista de Direito do Consumidor*, volume 1, p. 49.

las contratuais ou das condições gerais de contratação, em razão dos inúmeros contratos realizados.[150] Porém, a par das vantagens apontadas, surgem problemas relativos ao equilíbrio contratual, decorrentes da vulnerabilidade do consumidor e do próprio processo formativo do contrato, que, invariavelmente, consagra o aniquilamento do "fraco pelo forte", situação em que o fornecedor impõe sua vontade ao consumidor. Nessas condições, surge a necessidade do controle das cláusulas abusivas nas relações contratuais de consumo, pela via administrativa ou judicial, abstrata ou concretamente, a fim de que os contratos se conformem ao bem comum e aos princípios essenciais da justiça e da ordem pública, com o objetivo precípuo de recompor o equilíbrio no âmbito do interesse social.[151]

4.1. Controle administrativo

O controle administrativo, segundo as normas vigentes, pode ocorrer: a) pela instauração de inquérito civil, na forma do estatuído no artigo 8º, § 1º, da Lei nº 7.347, de 24 de julho de 1985 (aplicável às relações de consumo, segundo o disposto no artigo 90 do Código de Defesa do Consumidor); b) pela adoção de providências no âmbito da administração pública, no que concerne às atividades por ela fiscalizadas ou controladas.

A instauração de inquérito civil, atribuição institucional exclusiva do Ministério Público, na forma do preceituado no artigo 129, inciso III, da Constituição Federal, tem como objetivo arregimentar documentos e informações, bem como colher depoimentos dos interessados, com a finalidade de proporcionar ao *Parquet* o livre convencimento sobre a existência ou não de cláusu-

---

[150] Ver: VARGAS, Zuleika Pinto Costa. "As Condições Gerais dos Negócios – Posições Doutrinárias – Soluções Adotadas Pelo Código do Consumidor". *Revista do Ministério Público do Rio Grande do Sul*, volume 31. Porto Alegre: Revista dos Tribunais, 1994, p. 168/198.
[151] Assim: STIGLITZ, Gabriel. Ob. cit., p. 185/186.

la abusiva em determinado contrato de consumo.[152] Nessa oportunidade, o órgão ministerial, presidente do inquérito civil, poderá tomar do agente econômico investigado (fornecedor) compromisso de ajustamento de conduta às exigências legais, no caso, com a retirada da cláusula abusiva do contrato ou condições gerais de contratação, sob pena de cominação, o qual terá eficácia de título executivo extrajudicial, conforme previsto no artigo 5º, § 6º, da Lei nº 7.347/85.[153]

A experiência prática, na área de proteção do consumidor, vivenciada na Coordenadoria de Defesa do Consumidor, órgão de execução do Ministério Público Gaúcho, demonstrou-nos, ao longo dos anos, o acerto da adoção legislativa do inquérito civil como instrumento de pacificação social na tutela dos interesses e direitos transindividuais dos consumidores. Especificamente na questão ora analisada, de controle de cláusulas abusivas nas relações contratuais de consumo, a Coordenadoria de Defesa do Consumidor instaurou diversos inquéritos civis, com o objetivo de analisar as cláusulas constantes de formulários padronizados utilizados pelos Bancos, nos diversos contratos firmados com seus clientes. Destes inquéritos, vinte e cinco originaram ações coletivas de consumo e trinta e seis redundaram em compromissos de ajustamento, perfectibilizando, estes últimos, um perfeito controle administrativo. Assim, constata-se que os vetos aos §§ 3º do artigo 51 e 5º do artigo 54 do CDC, que previam o controle administrativo e abstrato, pelo Ministério Público, das cláusulas contratuais gerais nos contratos de consumo, não têm qualquer efeito prático, porque em pleno vigor se encontram as disposições legais sobre o inquérito civil, este poderoso instrumento de prevenção e composição de conflitos nas relações de consumo.[154]

---
[152] NERY JÚNIOR, Nelson. Ob. cit., *CDC Comentado*, p. 455.
[153] Ver excelente análise: MORAES, Paulo Valério Dal Pai. "O Compromisso de Ajustamento". *Revista de Direito do Consumidor*, volume 32. São Paulo: Revista dos Tribunais, Outubro/Dezembro - 1999, p. 128/148.
[154] NERY JÚNIOR, Nelson. Ob. cit., *CDC Comentado*, p. 455/456.

Importante gizar que o controle administrativo, através do inquérito civil, pode e deve ser efetivado ainda que as cláusulas contratuais gerais tenham sido aprovadas pela autoridade competente ou mesmo pela lei, visto que estes atos poderão configurar ilegalidade ou inconstitucionalidade, respectivamente, situações ensejadoras da atuação do Ministério Público, na defesa da ordem jurídica e do efetivo respeito, por parte dos Poderes Públicos, aos direitos constitucionalmente assegurados (artigos 127, *caput*, e 129, inciso II, da Constituição Federal).

Outra forma de controle administrativo dá-se através do regime de autorização prévia das condições gerais de contratação por um específico e competente órgão da Administração Pública. Este método de controle possibilita ao Poder Público o exercício pleno do poder-dever de polícia administrativa, através da fiscalização e regulamentação, com a edição de Decretos, Portarias, Resoluções e outros atos administrativos dirigidos ao estabelecimento de padrões para que os administrados possam exercer a atividade que é controlada e fiscalizada pela Administração Pública. São exemplos dessas atividades: o setor de seguros, que deve obedecer às regras traçadas pela SUSEP (Superintendência de Seguros Privados) e o setor de consórcios de automóveis, que deve obedecer às regras estipuladas pelo Banco Central.

Sempre que possível e dentro de sua área de atribuição, o órgão público pode alterar a norma administrativa, na busca da harmonização dos interesses dos participantes das relações de consumo. Quando, porém, os padrões ou condições gerais forem aprovados por lei, cabe à Administração Pública velar pelo seu cumprimento, eis que vigora, no âmbito do Direito Administrativo, o princípio da legalidade, pelo qual o administrador somente pode agir *secundum legem*, nunca *contra legem* ou *praeter legem*. Assim, os órgãos da administração não poderão alterar os dispositivos da lei que editou as cláusulas gerais de contratação, mas podem e devem, contudo, buscar a composição dos conflitos de consumo resultantes de cláusulas abusivas, inclusive com a formalização de compromisso de ajustamento com o agente econômico infrator.

Nas hipóteses em que somente a alteração da lei autoriza a modificação ou eliminação de cláusula, é defeso à Administração Pública estipular qualquer alteração, a título de controle das cláusulas gerais de contratação, por meio de Decreto ou outro ato administrativo infralegal. Nessa situação, somente é cabível o controle através da via judicial.[155]

A partir da análise criteriosa e científica do Capítulo VII do Código de Defesa do Consumidor, que trata das sanções administrativas, bem como do Decreto nº 2.181, de 20 de março de 1997, que dispõe sobre a organização do Sistema Nacional de Defesa do Consumidor e estabelece normas gerais de aplicação das sanções administrativas previstas na Lei nº 8.078, de 11 de setembro de 1990, estamos convictos de que o controle administrativo de cláusulas abusivas nas relações contratuais de consumo pode ocorrer, também, pela atuação, em nível federal, do Departamento de Proteção e Defesa do Consumidor (DPDC), e em níveis estadual e municipal, pela atuação dos órgãos administrativos de proteção e defesa do consumidor (PROCONs), criados na forma da lei, os quais têm competência para fiscalizar e aplicar sanções administrativas aos fornecedores de produtos ou serviços que, direta ou indiretamente, inserirem ou utilizarem-se de cláusula abusiva em qualquer modalidade de contrato de consumo, segundo o disposto nos artigos 3º, inciso X, 4º, *caput*, e 22 do Decreto nº 2.181/97.

Ressalte-se que os órgãos administrativos retromencionados (DPDC e PROCONs) podem, inclusive, celebrar compromisso de ajustamento de conduta às exigências legais, nos termos do artigo 5º, § 6º, da Lei nº 7.347/85,

---
[155] Ver: NERY JÚNIOR, Nelson. Ob. cit., *CDC Comentado*, p. 456/457.

na órbita de suas respectivas competências, segundo o preceituado no artigo 6º, *caput*, do Decreto nº 2.181/97.

Desse modo, plenamente possível o controle administrativo das cláusulas abusivas nas relações contratuais de consumo por parte do Departamento de Proteção e Defesa do Consumidor (órgão da Secretaria de Direito Econômico do Ministério da Justiça) e dos órgãos administrativos estaduais ou municipais de proteção e defesa do consumidor (PROCONs), aplicando sanções administrativas ou celebrando compromissos de ajustamento, na busca da harmonização dos interesses de fornecedores e consumidores no mercado de consumo.

Quanto ao compromisso de ajustamento de conduta, instrumento facilitador da defesa dos interesses dos vulneráveis nas relações de consumo e fundamental à observância dos princípios basilares do sistema consumerista, quais sejam, o da vulnerabilidade, da harmonia e da repressão eficiente aos abusos praticados no mercado, tem significativo alcance a norma retromencionada do artigo 6º do Decreto nº 2.181/97, porquanto parte da jurisprudência, calcada em posição doutrinária única e equivocada, afirma a existência de veto implícito à norma que criou o referido instrumento jurídico, quando o Presidente da República, expressamente, no Regulamento do Código de Defesa do Consumidor, incentiva as entidades e os órgãos da Administração Pública a celebrarem o nominado título executivo extrajudicial.

Desse modo, optar por entendimento restrito à interpretação favorável ao texto de lei significa escolher alternativa considerada odiosa ao sistema, eis que completamente desafinada em relação ao Direito posto.[156]

Segundo importantíssima regra de aplicação do Direito: *Odiosa restringenda, favorabilia amplianda*: Restrinja-se o odioso; amplie-se o favorável.[157]

---
[156] MORAES, Paulo Valério Dal Pai. Ob. cit. *Revista de Direito do Consumidor*, volume 32, p. 144.
[157] Ver: MAXIMILIANO, Carlos. Ob. cit., p. 247.

E não se olvide que a defesa do consumidor, no Brasil, é um direito e garantia fundamental (artigo 5º, inciso XXXII, da CF). E, como tal, toda interpretação de norma àquele direito relacionada deve ser no sentido da sua maior eficácia.[158]

4.1.1. Controle administrativo em abstrato

Como visto, o inquérito civil permite que o Ministério Público, no âmbito dos interesses e direitos supraindividuais, faça o controle administrativo das cláusulas potencialmente abusivas nas relações contratuais de consumo. Esse controle pode ser efetivado de modo abstrato ou em concreto.

O controle administrativo em abstrato ocorre sempre que o Ministério Público, de ofício ou provocado por consumidor ou entidade que o represente, instaura procedimento investigatório com o objetivo de apurar a existência de cláusula com potencial abusivo em formulário-padrão, utilizado para futura contratação, oriundo da administração pública ou de qualquer fornecedor privado, sendo irrelevante que já tenha havido ou não a concretização do contrato de adesão com base no referido formulário.

Tal controle abstrato foi e é regularmente utilizado pelo Ministério Público do Rio Grande do Sul, através da Coordenadoria de Defesa do Consumidor, salientando-se o já mencionado controle realizado na análise das cláusulas constantes de formulários-padrão utilizados pelos Bancos, nos vários contratos entabulados com seus atuais ou futuros clientes.

Conforme apontado retro, trinta e seis inquéritos civis resultaram em composição extrajudicial, ou seja, em compromissos de ajustamento de conduta, firmados perante o Ministério Público pelos Bancos investigados, perfectibilizando-se, assim, um real e efetivo controle

[158] CANOTILHO, J. J. Gomes. Ob. cit. p. 1.149.

administrativo em abstrato. Interessante ressaltar, pela importância do tema e pela constatação de alguns equívocos doutrinários e jurisprudenciais, que esta espécie de controle, em abstrato, diz respeito a interesses ou direitos difusos, eis que seus titulares são pessoas indeterminadas (as que contratarão com o Banco, não necessariamente clientes), ligadas com o Banco-fornecedor, por meras circunstâncias fáticas (o interesse em contratar baseado em cláusulas não-abusivas), e o seu objeto é de natureza indivisível (ou seja, uma única abusividade é suficiente a caracterizar a lesão de todos os consumidores e, da mesma forma, a satisfação de um deles, com a retirada ou modificação da cláusula abusiva constante do formulário-padrão, beneficia, ao mesmo tempo, todos os potenciais consumidores). Aliás, nesse sentido tem-se manifestado a jurisprudência no nosso Estado.[159]

Desse modo, cristalina a legitimidade e o interesse do Ministério Público para a realização, através do inquérito civil, do controle em abstrato das cláusulas abusivas nas relações contratuais de consumo, por ca-

---

[159] Assim: Ap. Cível n° 597055789, 1ª Câm. Cível do TJRGS, j. 11.11.1998, Rel. Des. Leo Lima, cuja ementa dispõe: "Ação Civil Pública. Contratos Bancários. Legitimidade do Ministério Público... Cuidando-se de ação civil pública que tem, por objeto, direitos ou interesses difusos, já que visando cláusulas de contratos bancários ainda não formalizados concretamente, o Ministério Público tem legitimidade para intentá-la. Destaque para o teor do art. 129, III, da Constituição Federal. Presença do interesse de agir do autor, eis que existente pretensão objetivamente razoável. Quanto mais, à vista da induvidosa incidência do CDC sobre os contratos bancários, como decorre de seus arts. 3°, § 2°, 29 e 52. Cláusulas contratuais a merecerem exclusão ou modificação. Apelação desprovida".
No mesmo sentido: Ap. Cível n° 196097968, 7ª Câm. Cível do TARGS, j. 18.12.1996, Rel. Juiz de Alçada Vicente Barrôco de Vasconcellos, cuja ementa dispõe: "Ação Civil Pública. Contratos Bancários. Nulidade de Cláusulas Abusivas e Infratoras dos Direitos dos Consumidores Difusamente Considerados. Condenação da instituição bancária à exclusão dessas cláusulas e substituição por outras que se mostrem adequadas à disciplina do Código de Defesa do Consumidor e a adequar os formulários-padrão com redação em termos claros e com caracteres ostensivos e legíveis, destacando as que implicarem limitação de direito, de forma a cumprir o que dispõe o art. 54 e parágrafos do CDC. Incomprovadas as alegações do réu, que não consegue, assim, contrapor-se ao fato constitutivo do direito do autor, documentalmente comprovado, procede a ação civil pública intentada pelo Ministério Público. Apelo desprovido".

racterizar, como visto, a proteção a direitos ou interesses difusos, segundo a conceituação do artigo 81, parágrafo único, inciso I, do CDC. Realizado o compromisso de ajustamento, perfectibilizado estará o controle administrativo em abstrato. Não realizada a composição extrajudicial, ajuizará o Ministério Público a competente ação coletiva de consumo, com o fito de excluir ou modificar as cláusulas abusivas constantes do formulário-padrão utilizado para a contratação em massa, e, assim, caracterizado estará o controle judicial em abstrato, o qual será objeto de análise na seqüência da exposição.

O controle administrativo em abstrato, em nosso entendimento, também pode ser efetivado pelas entidades e órgãos da Administração Pública destinados à defesa dos interesses e direitos dos consumidores, integrantes do Sistema Nacional de Defesa do Consumidor, mais especificamente, o Departamento de Proteção e Defesa do Consumidor e os PROCONs estaduais e municipais. Tal convicção tem fundamento nos artigos 105 e 106 do Código de Defesa do Consumidor e no Decreto nº 2.181/97, particularmente, no que concerne às cláusulas abusivas, o disposto nos artigos 3º, inciso X, e 4º, *caput*, combinados com o artigo 22 e seus incisos, e ainda o artigo 6º, todos do mencionado regulamento do Estatuto Consumerista. Os referidos órgãos, ante as infrações às normas de proteção ao consumidor, têm competência para a instauração de processo administrativo (artigo 33 do Decreto nº 2.181/97), o qual poderá ensejar a aplicação de sanções administrativas ou a celebração de compromisso de ajustamento de conduta às exigências legais, compromisso este que suspende o andamento do processo administrativo instaurado e provoca o seu arquivamento, após atendidas todas as condições estabelecidas no respectivo termo (artigo 6º, *caput* e § 4º, do Decreto nº 2.181/97).

Com a realização do compromisso de ajustamento, objetivando a exclusão ou modificação de cláusulas constantes de formulários-padrão de contratação em massa, perfectibilizar-se-á o controle administrativo em abstrato pelos órgãos públicos integrantes do Sistema Nacional de Defesa do Consumidor. Se não ocorrer a formalização do compromisso de ajustamento, prossegue o processo administrativo, que culminará com a aplicação de sanções administrativas. Não sendo estas suficientes à coibição da abusividade, resta o caminho da via judicial para o controle, ainda em abstrato, admissível somente aos órgãos expressamente legitimados, por tratar-se de legitimação extraordinária, na forma do disposto no artigo 6º do Código de Processo Civil.

4.1.2. Controle administrativo em concreto

O controle administrativo em concreto das cláusulas abusivas, nas relações contratuais de consumo, ocorre nas situações originadas de contratos já consumados mediante a adesão de consumidores. Do mesmo modo que no controle administrativo em abstrato, o controle em concreto pode ser efetivado pelo Ministério Público, através do inquérito civil, ou pelos órgãos da Administração Pública destinados à defesa dos interesses e direitos dos consumidores, integrantes do Sistema Nacional de Defesa do Consumidor, através de processo administrativo.

O Ministério Público, de ofício ou provocado por qualquer interessado, sempre que se defrontar com cláusula potencialmente abusiva, em contrato de adesão ou paritário, poderá instaurar inquérito civil objetivando colher depoimentos, arregimentar documentos e informações para formar convencimento sobre a abusividade ou não das cláusulas do contrato sob análise. Convencendo-se da abusividade, poderá propor ao agente econômico investigado a formalização de compromisso de ajustamento de conduta às exigências legais, na forma do preceituado no artigo 5º, § 6º, da Lei nº 7.347/85, o qual, se aceito pelo fornecedor, perfectibilizará o controle administrativo em concreto, com a supressão ou modificação das cláusulas abusivas constantes dos contratos já firmados e a indenização dos danos porventura já sofridos pelos consumidores.

Ressalta-se que, nestas hipóteses de controle administrativo em concreto, os interesses ou direitos protegidos, de regra, são coletivos em sentido estrito, visto que seus titulares são pessoas determináveis (integrantes de grupo, classe ou categoria de consumidores firmatários de contratos de consumo), ligadas com a parte contrária, o fornecedor, por uma relação jurídica base (a relação contratual de consumo entabulada) e o seu objeto é de natureza indivisível (significando que uma única abusividade é suficiente à caracterização de lesão a todos os consumidores e, da mesma forma, a satisfação de um deles, com a supressão ou modificação da cláusula abusiva constante do contrato de consumo, beneficia, ao mesmo tempo, todos os demais consumidores contratantes).

Poderá, também, o controle administrativo em concreto resultar na proteção a interesses ou direitos individuais homogêneos, quando, no compromisso de ajustamento, o fornecedor, além da supressão ou modificação das cláusulas abusivas do contrato de consumo firmado, comprometer-se a ressarcir os danos individualmente sofridos pelos consumidores, em decorrência daquelas cláusulas inquinadas de nulas por abusividade. Os danos causados, neste caso, são individualizados, o que configuraria, em princípio, direito individual puro ou heterogêneo. Porém, como são decorrentes de uma origem comum (o mesmo agente econômico), configuram, segundo a conceituação legal (artigo 81, parágrafo único, inciso III, do CDC), interesses ou direitos individuais homogêneos. Da análise da definição legal supra decorre a constatação de que os interesses individuais homogêneos possuem apenas um requisito: a origem comum. Sem qualquer complicação, "origem comum" é "origem comum". São coisas, interesses, direitos, que advêm da mesma "fonte", seja ela uma "fonte" jurídica (quando existe uma relação jurídica base) ou fática, na forma do que acontece com os direitos difusos. Assim sendo, os interesses ou direitos individuais homogêneos tanto podem estar presentes em situações que também envolvem interesses difusos, como nas que existam interesses coletivos em sentido estrito, ou ainda, pode a mesma ocorrência conter os três interesses transindividuais cumulados.[160] Nesse sentido, aliás, tem-se posicionado o Egrégio Superior Tribunal de Justiça.[161]

Em qualquer das hipóteses, portanto, quer se trate de direito coletivo *stricto sensu* ou direito individual homogêneo, ou ambos, são evidentes a legitimidade e o interesse do Ministério Público à realização, através do inquérito civil, do controle em concreto das cláusulas abusivas nas relações contratuais de consumo. Formali-

---

[160] MORAES, Paulo Valério Dal Pai. "O Ministério Público e a Legitimidade para a Defesa dos Interesses Coletivos Decorrentes de Questões Tributárias de Massa". *Revista do Ministério Público do Rio Grande do Sul*, volume 43. Porto Alegre: Metrópole, 2000, p. 51/104.
[161] REsp. nº 105215 (96/0053455-1) – DF, 4ª Turma do STJ, j. 24.06.1997, Rel. Min. Sálvio de Figueiredo Teixeira, publicado no DJU de 18.08.1997, cuja ementa dispõe: "Processual Civil. Ação Coletiva. Cumulação de Demandas. Nulidade de Cláusula de Instrumento de Compra-e-Venda de Imóveis. Juros. Indenização dos Consumidores que já Aderiram aos Referidos Contratos. Obrigação de Não-Fazer da Construtora.Proibição de Fazer Constar nos Contratos Futuros. Direitos Coletivos, Individuais Homogêneos e Difusos. Ministério Público. Legitimidade. Doutrina. Jurisprudência. Recurso Provido. I – O Ministério Público é parte legítima para ajuizar ação coletiva de proteção ao consumidor, em cumulação de demandas, visando: a) à nulidade de cláusula contratual inquinada de nula (juros mensais); b) à indenização pelos consumidores que já firmaram os contratos em que constava tal cláusula; c) à obrigação de não mais inserir nos contratos futuros a referida cláusula. II – Como já assinalado anteriormente (Resp. 34.155-MG), na sociedade contemporânea, marcadamente de massa, e sob os influxos de uma nova atmosfera cultural, o processo civil, vinculado estreitamente aos princípios constitucionais e dando-lhes efetividade, encontra no Ministério Público uma instituição de extraordinário valor na defesa da cidadania. III – Direitos (ou interesses) difusos e coletivos se caracterizam como direitos transindividuais, de natureza indivisível. Os primeiros dizem respeito a pessoas indeterminadas que se encontram ligadas por circunstâncias de fato; os segundos, a um grupo de pessoas ligadas entre si ou com a parte contrária através de uma única relação jurídica. IV – Direitos individuais homogêneos são aqueles que têm a mesma origem no tocante aos fatos geradores de tais direitos, origem idêntica essa que recomenda a defesa de todos a um só tempo".

zado o compromisso de ajustamento, perfectibilizado estará o controle administrativo em concreto. Não realizada a composição extrajudicial, ajuizará o *Parquet* a competente ação coletiva de consumo, com o objetivo da supressão ou modificação das cláusulas abusivas constantes do contrato de consumo e, se for o caso, a responsabilização do fornecedor pelos danos individualmente causados aos consumidores contratantes, decorrentes da inserção daquelas cláusulas inquinadas de nulas por abusividade. Nesta última hipótese, caracterizar-se-á o denominado controle judicial em concreto, objeto de análise, também, na seqüência da exposição.

Coerente com a posição assumida no exame do controle administrativo em abstrato, da mesma forma, entendemos que o controle administrativo em concreto pode ser efetuado pelos órgãos públicos integrantes do Sistema Nacional de Defesa do Consumidor.

Como visto, estes órgãos têm competência para a instauração de processo administrativo (artigo 33 do Decreto nº 2.181/97), o qual poderá culminar na aplicação de sanções administrativas (artigo 18 do Decreto nº 2.181/97) ou na celebração de compromisso de ajustamento de conduta às exigências legais, por parte do agente econômico infrator às normas do sistema de proteção do consumidor. A celebração do compromisso de ajustamento, na forma do artigo 5º, § 6º, da Lei nº 7.347/85, suspende o curso do processo administrativo instaurado e provoca o seu arquivamento, após atendida a totalidade das condições estabelecidas no respectivo termo (artigo 6º, § 4º, do Decreto nº 2.181/97).

Realizado o compromisso de ajustamento, cumpridas as condições de supressão ou modificação das cláusulas abusivas constantes dos contratos de consumo sob análise (já firmados por consumidores) e, se for o caso, ressarcidos os danos individualmente sofridos pelos consumidores, em decorrência daquelas cláusulas, estará consolidado o controle administrativo em concreto pelos órgãos públicos integrantes do Sistema Nacional de Defesa do Consumidor. Não anuindo o agente econômico infrator, com a celebração de compromisso de ajustamento, haverá o prosseguimento do processo administrativo, que culminará com a aplicação de sanções administrativas. Não sendo estas penalidades suficientes à coibição da abusividade, restará o caminho da via judicial para a efetivação do controle, em concreto, admissível aos órgãos expressamente legitimados pelo artigo 82 do Código de Defesa do Consumidor.

4.2. Controle judicial

Consoante o artigo 5º, inciso XXXV, da Constituição Federal, "a lei não excluirá da apreciação do Poder Judiciário lesão ou ameaça a direito". Este preceito constitucional consagra, no Ordenamento Jurídico Pátrio, o sistema denominado de "jurisdição judicial única".[162]

Se bem que o destinatário principal deste mandamento constitucional seja o legislador, a norma atinge a todos, indistintamente, não podendo, assim, aquele que legisla e ninguém mais impedir que o jurisdicionado deduza sua pretensão em juízo.[163]

Destarte, pelo princípio da inafastabilidade do controle judicial, também conhecido como princípio do direito de ação, todos têm acesso à justiça para postular tutela jurisdicional preventiva ou reparatória relativamente a um direito. Estão contemplados no texto constitucional tanto os direitos individuais puros (heterogêneos), quanto os transindividuais ou metaindividuais (difusos, coletivos e individuais homogêneos).

O direito de ação é um direito público subjetivo, o qual pode ser exercitado até mesmo contra o Estado, que

---

[162] Assim: MEIRELLES, Hely Lopes. *Direito Administrativo Brasileiro*. 23ª edição. São Paulo: Malheiros Editores, 1990, p. 577.
[163] Ver: NERY JÚNIOR, Nelson. Ob. cit. *Princípios do Processo Civil na Constituição Federal*, p. 94.

não pode se recusar à prestação jurisdicional. Entretanto, o Estado-Juiz não está obrigado, logicamente, a decidir a demanda em favor do autor, devendo, isto sim, aplicar o Direito ao caso concreto. É tão rigoroso o dever de fazer atuar a Jurisdição, que a sua omissão, por parte do magistrado, pode configurar causa de responsabilidade judicial (artigo 37, § 6°, da Constituição Federal, combinado com o artigo 49, inciso II, da Lei Complementar n° 35/79).

Deste modo, verificamos que o direito de ação é um direito cívico e abstrato, ou seja, é um direito subjetivo à sentença judicial, de acolhimento ou de rejeição da pretensão, desde que se encontrem preenchidas as condições da ação. A realização do direito subjetivo configura-se quando alcançado o seu objeto, que é a obtenção da tutela jurisdicional do Estado. Entende-se por realizado aquele direito cívico no momento em que for prolatado o ato judicial que põe termo ao processo, favorável ou não ao autor.[164]

A Constituição Federal de 1969 (artigo 153, § 4°) autorizava a lei infraconstitucional a exigir o prévio exaurimento das vias administrativas para a interposição de ação judicial, funcionando como verdadeira condição de procedibilidade, a qual, não atendida, ocasionaria a extinção do processo, sem julgamento de mérito, pela ausência de uma das condições da ação, qual seja: o interesse processual (artigo 267, inciso VI, do Código de Processo Civil).

O Estatuto Político Básico de 1988 não reprisou a ressalva contida no texto revogado, de modo que não mais é permitido, no ordenamento jurídico pátrio, a denominada jurisdição condicionada ou instância administrativa de curso forçado. Apenas no que tange às ações relativas à disciplina e às competições esportivas é que o texto constitucional exige, na forma da lei, o

---

[164] Ver: NERY JÚNIOR, Nelson. Ob. cit. *Princípios do Processo Civil na Constituição Federal*, p. 98/99.

esgotamento das instâncias da Justiça Desportiva (artigo 217, § 1º, da Constituição Federal).[165]

Assim, o controle administrativo das cláusulas abusivas nas relações contratuais de consumo, em abstrato ou em concreto, além de não constituir condição de procedibilidade ao direito subjetivo de ação, está sujeito, no que concerne à legalidade e à legitimidade, ao controle judicial. É certo que o Judiciário não poderá substituir a Administração em pronunciamentos ou atos que lhe são privativos, entretanto, dizer se ela agiu com observância da lei, dentro de sua competência e em consonância aos princípios da moralidade e da finalidade, é função específica e inafastável daquele Poder, segundo o princípio constitucional retroexaminado (artigo 5º, inciso XXXV, da Constituição Federal).[166]

Com fulcro na sistemática adotada pelo Código de Defesa do Consumidor, afirma doutrina abalizada que, afora o controle administrativo das cláusulas abusivas nas relações contratuais de consumo, exercido sem caráter coercitivo pelos órgãos da Administração Pública e, acrescentamos, pelo próprio Ministério Público (em razão do veto ao artigo 51, § 3º, do CDC), o sistema preferido, de modo preventivo ou repressivo, em abstrato ou em concreto, incidental ou direto (principal), foi o do controle judicial, eis que não teria parecido conveniente, ao legislador, que a fiscalização com caráter cogente fosse outorgada a órgão de outro Poder, que não o Judiciário.[167]

Destarte, em que pese a ampla legitimação, especialmente no que tange aos direitos coletivos *lato sensu* (difusos, coletivos e individuais homogêneos), ao Poder Judiciário incumbe o exame, em abstrato ou em concreto, das cláusulas abusivas nas relações contratuais de consumo, bem como o definitivo julgamento, realizan-

---
[165] NERY JÚNIOR, Nelson. Ob. cit. *Princípios do Processo Civil na Constituição Federal*, p. 101/102.
[166] Nesse sentido: MEIRELLES, Hely Lopes. Ob. cit., p. 186.
[167] DALL'AGNOL JÚNIOR, Antonio Janyr. Ob. cit., p. 41.

do, assim, a concretização da lei. Importante ressaltar que o controle judicial tanto pode ocorrer em caráter incidental (porquanto a nulidade absoluta, de pleno direito, pode e deve ser decretada *ex officio*) como em caráter direto (ou seja, como objeto principal de uma ação de nulidade de cláusula contratual ou de condições gerais de contratação).[168]

Tanto no controle incidental como no controle direto, a natureza da sentença que reconhece a nulidade não é predominantemente declaratória, mas constitutiva negativa[169] ou desconstitutiva da cláusula que, por abusiva, foi reconhecida como nula de pleno direito. O efeito da sentença judicial que reconhece a nulidade da cláusula abusiva é *ex tunc*, visto que o magistrado somente faz reconhecer circunstância fática anterior à propositura da ação. Por ser matéria de ordem pública (artigo 1º do CDC), a nulidade de pleno direito das cláusulas abusivas nas relações contratuais de consumo não é atingida pela preclusão, de modo que pode ser alegada, no processo, a qualquer tempo e em qualquer grau de jurisdição, inclusive, se for o caso, com *reformatio in pejus*, impondo-se ao julgador o dever de pronunciá-la, de ofício, quando a encontrar provada (artigo 168, parágrafo único, do Código Civil/2002, aplicável às relações de consumo por força do disposto no artigo 7º, *caput*, do CDC).

O Estatuto Protetivo não fixou prazo para o exercício do direito de pleitear em Juízo a nulidade de cláusula abusiva. Em conseqüência, na ausência de norma específica, segundo a melhor doutrina, a ação é imprescritível ou perpétua.[170]

É consenso na doutrina atual,[171] que o controle judicial das cláusulas abusivas nas relações contratuais

---

[168] Ver: DALL'AGNOL JÚNIOR, Antonio Janyr. Ob. cit., p. 43.
[169] NERY JÚNIOR, Nelson. Ob. cit., *CDC Comentado*, p. 491.
[170] AMORIM FILHO, Agnelo. Ob. cit., p. 747.
[171] Ver excelente análise: MACEDO, Elaine Harzheim. "Contrato de Adesão. Controle Judicial dos Contratos de Consumo". *Revista de Direito do Consumidor*, volume 15. São Paulo: Revista dos Tribunais, Julho/Setembro – 1995, p. 99/118.

de consumo tanto pode ocorrer de modo abstrato, mesmo antes da utilização do contrato-formulário no mercado (ou seja, de documentos ainda unilaterais, cuja intenção é a de que venham a ser objeto de contratos de adesão), como de modo concreto, abrangendo cláusulas de contratos já perfectibilizados (com a adesão de consumidores).[172]

4.2.1. Controle judicial em abstrato

O controle judicial em abstrato acontece quando se pleiteia nulificar, indiscriminadamente, cláusulas constantes de formulário-padrão (utilizado para contratos de adesão, ou condições gerais de contratação) estipuladas pelo fornecedor, sem que se tenha em conta casos concretos, isto é, relações contratuais de consumo já perfectibilizadas. O pedido, na ação coletiva de consumo, proposta com tal desiderato, deve ser feito de molde a que ao agente econômico seja cominada a obrigação de não contratar com aquela cláusula abusiva, ou cominada a obrigação de suprimi-la ou modificar a sua redação.[173]

Conforme análise efetivada, a declaração de nulidade de cláusulas é atividade jurisdicional, pela qual o Estado, em substituição aos particulares, realiza a ação de direito material. A jurisdição, por sua vez, é uma função estatal dependente de iniciativa ou provocação por parte de quem tenha interesse e legitimidade. Assim, o Estado-Juiz, em observância ao princípio processual dispositivo, deve aguardar seja movimentado o seu aparato apropriado, a fim de que, para determinada situação surgida, declare o direito aplicável.[174]

---

[172] Nesse sentido: ALVIM, Arruda. Ob. cit. *Revista de Direito do Consumidor*, volume 20, p. 47.
[173] Ver: NERY JÚNIOR, Nelson. "Aspectos do Processo Civil no Código de Defesa do Consumidor". *Revista de Direito do Consumidor*, volume 1. São Paulo: Revista dos Tribunais, Março – 1992, p. 200/221.
[174] MORAES, Paulo Valério Dal Pai. *Conteúdo Interno da Sentença: Eficácia e Coisa Julgada*. Porto Alegre: Livraria do Advogado, 1997, p. 19.

No que concerne à legitimidade para a propositura da ação coletiva, visando ao controle judicial, em abstrato, das cláusulas abusivas nas relações contratuais de consumo, ocorre, atualmente, verdadeiro dissídio doutrinário.

Parte da doutrina sustenta que a *legitimatio ad causam* não é exclusiva do Ministério Público, como à primeira vista parece indicar o preceito contido no artigo 51, § 4º, do CDC, eis que qualquer dos co-legitimados, arrolados no artigo 82 do CDC, tem legitimidade para o ajuizamento de qualquer tipo de ação judicial tendente a obter a adequada e efetiva tutela dos direitos e interesses previstos no Estatuto Consumerista, na conformidade do disposto no artigo 83 do CDC. Ademais, afirma que a norma constante do § 4º do artigo 51 teria a mera função didática de indicar aos consumidores e às suas entidades representativas um caminho a seguir, no que tange ao controle judicial das cláusulas abusivas nas relações contratuais de consumo.[175]

Outra parte da doutrina, com orientação diversa, afirma que o Código de Defesa do Consumidor inovou ao criar, no artigo 51, § 4º, um controle judicial em abstrato e que, segundo este preceito normativo, o Ministério Público é o único legitimado à propositura dessa ação de controle abstrato das cláusulas abusivas nas relações contratuais de consumo, a pedido de qualquer consumidor ou de entidade que o represente.[176]

Em razão da importância do tema, antes de assumir posição, entendemos de bom alvitre aprofundar a análise do princípio da legitimidade das partes, como uma das condições da ação.

O Código de Processo Civil (aplicável às relações de consumo, segundo o disposto no artigo 90 do CDC), em seu artigo 3º, é expresso no sentido de que "para

---

[175] Nesse sentido: NERY JÚNIOR, Nelson. Ob. cit. *Revista de Direito do Consumidor*, volume 1, p. 214/215.
[176] MARQUES, Cláudia Lima. Ob. cit. *Contratos no CDC*, p. 949.

propor ou contestar ação é necessário ter interesse e legitimidade". Desse modo, os legitimados para agir, tanto ativa quanto passivamente, são os titulares dos interesses em conflito. Denomina-se legitimação ativa a do titular do interesse afirmado na pretensão e legitimação passiva à do titular do interesse que se opõe ao afirmado na pretensão. Nesta situação, fala-se em legitimação ordinária ou comum, visto que a reclamada para a generalidade dos casos.[177]

Com efeito, a legitimação ordinária ou comum ocorre quando é o próprio titular do direito afirmado em Juízo que propõe a demanda. Há casos, entretanto, em que tal não ocorre; ou seja, excepcionalmente se admite, desde que exista lei autorizando, que alguém, em nome próprio, defenda interesse alheio. É a denominada legitimação extraordinária, cujo embasamento legal se encontra no artigo 6º do Código de Processo Civil, o qual dispõe que "ninguém pode pleitear, em nome próprio, direito alheio, salvo quando autorizado por lei". Este preceito normativo, na verdade, encerra dois comandos, porquanto na primeira parte ratifica a disposição do artigo 3º sobre a legitimidade, ao vedar àquele que não for o titular do direito afirmado, sua defesa em Juízo. Na parte final, entretanto, admite a ocorrência de tal situação, desde que exista lei autorizando aquele agir, caso em que a legitimação estará assegurada, de forma extraordinária ou excepcional.[178]

Vislumbra-se, assim, que a legitimidade extraordinária ocorre somente em situações excepcionais e quando autorizadas, expressamente, em lei. Desse modo, podemos afirmar que o preceito legislativo que autoriza a legitimação extraordinária é uma lei que abre exceção à regra geral que só permite a legitimação ordinária. Em conseqüência, somente pode ser interpretada dentro da

---

[177] Ver: SANTOS, Moacyr Amaral. *Primeiras Linhas de Direito Processual Civil*, volume 1. 14ª edição. São Paulo: Saraiva, 1990, p. 167.
[178] Nesse sentido: MORAES, Voltaire de Lima. *Das Preliminares no Processo Civil*. Rio de Janeiro: Forense, 2000, p. 120/121.

sua excepcionalidade. Esse entendimento exegético assenta-se no artigo 6º da anterior Lei de Introdução ao Código Civil, o qual, consolidando o princípio clássico de hermenêutica que *exceptiones sunt strictissimae interpretationis* (interpretam-se as exceções estritissimamente), dispunha que "a lei que abre exceção a regras gerais, ou restringe direitos, só abrange os casos que especifica".[179]

Destarte, a legitimidade extraordinária só ocorrerá quando expressamente prevista em lei, não sendo possível, em conseqüência, estendê-la a situações não especificadas.

Consoante o entendimento de parcela da doutrina, como vimos, a legitimidade para a propositura da ação coletiva tendente ao controle judicial, em abstrato, das cláusulas abusivas nas relações contratuais de consumo não seria unicamente do Ministério Público. Tal posicionamento está amparado na regra do artigo 83 do CDC, segundo a qual "para a defesa dos direitos e interesses protegidos por este Código são admissíveis todas as espécies de ações capazes de propiciar sua adequada e efetiva tutela". Desse modo, implicitamente, estariam todos os legitimados, arrolados no artigo 82 do CDC, aptos a promover todo e qualquer tipo de ação judicial, dentre elas a de controle abstrato das cláusulas abusivas nas relações contratuais de consumo.[180]

Com a devida vênia, ousamos discordar dessa posição doutrinária, pelas seguintes razões: Primeiramente, com fundamento no princípio de hermenêutica, retromencionado, de que as exceções legais devem ser interpretadas estritissimamente. Em segundo lugar, porque a legitimidade extraordinária examinada não se encontra expressa na lei; ao revés, a norma que autorizaria a ação visando ao controle abstrato e preventivo das cláusulas contratuais gerais, por parte de todos os legitimados arrolados no artigo 82, que constava do artigo 83,

---
[179] Assim: MAXIMILIANO, Carlos. Ob. cit. p. 225.
[180] Nesse sentido: NERY JÚNIOR, Nelson. Ob. cit. *CDC Comentado*, p. 524.

parágrafo único, do CDC, foi vetada. Assim sendo, restou somente, no que concerne ao aludido controle judicial, em abstrato, das cláusulas abusivas nas relações contratuais de consumo, a norma constante do artigo 51, § 4º, do CDC, a qual outorga, exclusiva e expressamente, a legitimidade ao Ministério Público.

Diante disto, segundo a análise técnica efetivada, podemos afirmar que o discrímen, ou a linha divisória, entre o âmbito da atividade de todos os legitimados, arrolados no artigo 82 do CDC, e a especificidade da regra do artigo 51, § 4º, do CDC, é o de que todos os legitimados podem pleitear judicialmente a nulidade de cláusulas abusivas constantes de contratos já entabulados (ou seja, o controle judicial em concreto), ao passo que o Ministério Público pode, além disso, postular o controle judicial em abstrato.[181]

E a jurisprudência de nosso Estado nesse sentido tem-se posicionado.[182]

Conforme afirmamos, quando da análise do controle administrativo, em abstrato, este tipo de controle (pelo qual se busca a nulificação de cláusulas constantes de formulário-padrão de contratação) diz respeito a interesses ou direitos difusos, eis que seus titulares são pessoas indeterminadas (as que poderão vir a contratar com o fornecedor, com base naquele documento ainda unilateral), ligadas em decorrência de meras circunstâncias fáticas (o interesse em contratar baseado em cláusulas não-abusivas) e o seu objeto é de natureza indivisível (ou seja, uma única abusividade é suficiente para caracterizar a lesão de todos os consumidores e, da mesma

---

[181] Assim: ALVIM, Arruda. Ob. cit. *Revista de Direito do Consumidor*, volume 20, p. 48.
[182] Ver: Ap. Cível nº 596198259, 2ª Câm. Cível do TJRGS, j. 20.08.1997, Rel. Des. Nelson Antonio Monteiro Pacheco, cuja ementa dispõe: "Ação Civil Pública – O Ministério Público tem legitimidade para discutir cláusulas insertas em minutas de contratos bancários que serão utilizadas no relacionamento da instituição financeira com os seus atuais ou futuros clientes. A possibilidade jurídica do pedido é clara, porquanto as relações decorrentes da concessão de crédito se amoldam à tutela do Código de Defesa do Consumidor".

forma, a satisfação de um só, com a supressão ou modificação da cláusula abusiva, implica a satisfação de todos os potenciais consumidores).

Assim sendo, emerge cristalina a legitimidade e interesse do Ministério Público para a propositura de ação coletiva tendente ao controle judicial em abstrato das cláusulas abusivas nas relações contratuais de consumo, por caracterizar, como visto, a proteção a direitos ou interesses difusos (segundo a conceituação do artigo 81, parágrafo único, inciso I, do CDC), cuja defesa é função institucional do *Parquet*, na forma do preceituado no artigo 129, inciso III, da Constituição Federal. Aliás, nesse sentido tem-se posicionado a jurisprudência.[183]

Importante ressaltar, por fim, que a sentença prolatada, no processo em que se busca o controle judicial em abstrato, tem eficácia *erga omnes*, segundo o disposto no artigo 103, inciso I, do CDC. Isso significa, em última análise, que a sentença que reconhece determinada cláusula como abusiva e, em conseqüência, nula de pleno direito, funciona, na prática, como decisão normativa que atinge o fornecedor-estipulante em contratações futuras, proibindo-o de concluir contratos com a cláusula declarada abusiva judicialmente.[184]

4.2.2. Controle judicial em concreto

O controle judicial em concreto sucede quando se pretende nulificar, por abusivas, cláusulas de contratos

---

[183] Assim: Ap. Cível nº 196197867, 2ª Câm. Cível do TARGS, j. 12.03.1998, Rel. Juiz de Alçada José Aquino Flores de Camargo, cuja ementa dispõe: "Ação Civil Pública. Ministério Público. Titularidade para propor ação em defesa dos interesses difusos ou coletivos. Art. 81, parágrafo único, do CDC em combinação com o art. 129, IX, da CF. Ação que visa não só a proteção da comunidade de clientes do Banespa, como a população em geral, dado ao seu caráter declaratório, abstrato e geral. Incidência das disposições do CDC às relações bancárias. Declaração de nulidade de cláusulas abusivas contidas em contratos padrões. Apelo provido para ampliar a declaração de nulidade a outras cláusulas".
[184] Assim: NERY JÚNIOR, Nelson. Ob. cit. *CDC Comentado*, p. 457.

existentes, isto é, contratos já perfectibilizados (com a adesão de consumidores), estipuladas unilateralmente pelo fornecedor. O pedido, na ação coletiva de consumo proposta com tal objetivo, deve ser no sentido de que ao agente econômico seja cominada a obrigação de suprimir as cláusulas inquinadas de nulas ou modificar sua redação e, ainda, se for o caso, condenado a ressarcir os danos individualmente sofridos pelos consumidores, em decorrência daquelas cláusulas abusivas.

Na conformidade do afirmado, quando da análise do controle administrativo, nestas hipóteses de controle em concreto, os interesses ou direitos protegidos, em regra, são coletivos em sentido estrito, pois seus titulares são pessoas determináveis (os integrantes do grupo, classe ou categoria de consumidores firmatários de determinado contrato de consumo), ligadas com a parte contrária, o fornecedor, por uma relação jurídica base (a relação contratual de consumo entabulada) e o seu objeto é de natureza indivisível (ou seja, uma única abusividade é suficiente para caracterizar a lesão de todos os consumidores-contratantes e, da mesma forma, a satisfação de um só, com a supressão ou modificação da cláusula abusiva, implica a satisfação de todos).

Poderá, da mesma forma, o controle judicial em concreto, resultar na proteção a interesses ou direitos individuais homogêneos, bastando, para tanto, que o fornecedor (estipulante das relações contratuais de consumo) seja condenado a ressarcir os danos, individualmente sofridos pelos consumidores, decorrentes das cláusulas contratuais inquinadas de nulas de pleno direito, por abusivas. Os danos causados pelo agente econômico, neste caso, são individualizados, o que configuraria, em princípio, direito individual heterogêneo, ou puro. Entretanto, como decorrem de uma origem comum (o mesmo fornecedor), caracterizam, segundo a definição legal (artigo 81, parágrafo único, inciso III, do CDC), interesses ou direitos individuais homogêneos.

Importante ressaltar que a tutela ou defesa coletiva dos direitos metaindividuais ou transindividuais (difusos, coletivos em sentido estrito e individuais homogêneos) é um *plus* à tutela ou defesa individual, não podendo, em conseqüência, elidi-la ou prejudicá-la, estando pois, o consumidor, plenamente autorizado (e não poderia ser diferente, em razão do princípio constante do artigo 5°, inciso XXXV, da Constituição Federal) a exercer a defesa de seus interesses ou direitos, em juízo, individualmente, mesmo ante o fato de existir ação coletiva proposta.

A doutrina e, principalmente, a jurisprudência têm demonstrado alguma dificuldade de apreender, com precisão e utilidade, os conceitos de interesses ou direitos difusos, coletivos em sentido estrito e individuais homogêneos, constantes do artigo 81, parágrafo único, incisos I, II e III, do Código de Defesa do Consumidor. Por essa razão, tentando esclarecer seus elementos distintivos, apresentamo-los em forma gráfica.

Interesses ou direitos transindividuais - critérios distintivos

	Elemento Objetivo	Elemento Subjetivo	Elemento Comum
Interesses ou Direitos Difusos – Artigo 81, Parágrafo único, I, do CDC	Indivisibilidade do Objeto	Indeterminabilidade dos Titulares	Circunstâncias Fáticas
Interesses ou Direitos Coletivos em Sentido Estrito – Artigo 81, Parágrafo único, II, do CDC	Indivisibilidade do Objeto	Determinabilidade dos Titulares	Relação Jurídica Base
Interesses ou Direitos Individuais Homogêneos – Artigo 81, Parágrafo único, III, do CDC	Divisibilidade do Objeto	Determinabilidade dos Titulares	Origem Comum dos Danos

O controle judicial, em concreto, das cláusulas abusivas nas relações contratuais de consumo, por envolver, como vimos, a tutela de interesses ou direitos coletivos em sentido estrito e, em determinadas situações, a tutela de interesses ou direitos individuais homogêneos, poderá ser provocado por qualquer dos legitimados arrolados no artigo 82 do CDC, segundo o entendimento doutrinário e jurisprudencial amplamente majoritários. Porém, nos casos em que se caracterizar somente a proteção a interesses ou direitos individuais homogêneos, não obstante se deva reconhecer a legitimidade do Ministério Público para o ajuizamento da ação coletiva de consumo, entendemos que o *Parquet* somente deverá defendê-los se possuírem manifesto interesse social, evidenciado pela dimensão ou característica do dano ou pela relevância do bem jurídico a ser protegido, sob pena de vulgarizar a ação coletiva e, por via de conseqüência, a atuação ministerial, em questiúnculas de dimensão restrita, que não envolvem interesses relevantes da sociedade ou mesmo de parte dela.[185]

Por fim, importante sublinhar que a sentença prolatada, no processo em que se busca o controle judicial em concreto, tem eficácia *ultra partes* (mas limitadamente ao grupo, categoria ou classe de consumidores firmatários dos contratos de consumo contendo cláusulas abusivas), na hipótese de proteção a interesses ou direitos coletivos em sentido estrito, segundo o disposto no artigo 103, inciso II, do CDC; e eficácia *erga omnes* (apenas no caso de procedência do pedido, para beneficiar todos os consumidores lesados pelas cláusulas abusivas), na hipótese de proteção a interesses ou direitos individuais homogêneos, segundo o disposto no artigo 103, inciso III, do CDC. É lógico que estas situações, de proteção a direitos coletivos em sentido estrito e individuais homogêneos, bem como na proteção a direitos difusos, somente ocorrerão nas hipóteses de procedência das ações coletivas, porquanto se estas forem julgadas improcedentes por insuficiência probatória não terão eficácia de coisa julgada para seus titulares (os elencados no artigo 82 do CDC) nem para os consumidores individualmente considerados; se forem julgadas improcedentes com

---
[185] Nesse sentido: MORAES, Voltaire de Lima. Ob. cit. *Das Preliminares no Processo Civil*, p. 126.

exame de mérito, nas hipóteses de proteção a direitos difusos ou coletivos, os efeitos da coisa julgada não prejudicarão os interesses individuais dos consumidores, segundo o disposto no artigo 103, § 1°, do CDC; e, se for a ação coletiva julgada improcedente com exame de mérito, na hipótese de proteção a direitos individuais homogêneos, a eficácia da coisa julgada somente atingirá os consumidores que intervirem como litisconsortes de qualquer dos titulares da ação coletiva (e, logicamente, estes), na forma do preceituado no artigo 103, § 2°, do CDC (*a contrario sensu*), combinado com o artigo 94 do CDC.

Conclusão

O presente estudo tem sua origem na experiência prática vivenciada na Coordenadoria de Defesa do Consumidor, órgão do Ministério Público do Rio Grande do Sul, nas posições declinadas em aulas e palestras proferidas no exercício da cátedra e, principalmente, nos conhecimentos auferidos como aluno do Curso de Pós-Graduação *Lato Sensu* da Faculdade de Direito da Universidade Federal do Rio Grande do Sul.

Funda suas bases, portanto, no caso concreto e no estudo científico, com vista à resolução justa e perfeita dos conflitos de interesses originados da utilização indiscriminada de cláusulas abusivas nas relações contratuais de consumo.

Nossa análise centralizou-se em um dos direitos básicos do consumidor, que é o da proteção contra as cláusulas abusivas ou impostas pelos fornecedores nas relações massificadas ocorrentes no mercado de consumo, na conformidade do preceituado no artigo 6°, inciso IV, do Código de Defesa do Consumidor. Essa proteção é um dos mais importantes instrumentos de defesa do consumidor (tanto no que tange aos contratos de adesão, como aos concluídos com base em cláusulas contratuais gerais e aos contratos paritários ou de comum acordo), o qual tem como escopo estabelecer o equilíbrio nas contratações, a fim de oportunizar que o contrato cumpra sua função social de fazer circular a riqueza, sem que se configure um prejuízo individualizado no consumidor vulnerável e, conseqüentemente, um lucro indevido ao fornecedor.

No ordenamento jurídico pátrio, a promoção da defesa do consumidor, por parte do Estado, é um direito e garantia fundamental da pessoa que preencher os requisitos legais para assim ser considerada (na conformidade do disposto no artigo 5°, inciso XXXII, da Constituição Federal), além de constituir-se em princípio da ordem econômica (segundo dispõe o artigo 170, inciso V, da Constituição Federal). Desse modo, cientificamente, podemos afirmar estar contido nestas normas principiológicas o fundamento para a interpretação das cláusulas contratuais de modo mais favorável ao consumidor (artigo 47 do CDC), bem como do reconhecimento da nulidade de pleno direito das cláusulas contratuais abusivas (artigo 51, incisos I a XVI, do CDC), em consonância com a melhor doutrina, a qual afirma que a uma norma constitucional deve ser atribuído o sentido que maior eficácia lhe dê e, no âmbito dos direitos fundamentais, no caso de dúvida, deve preferir-se a interpretação que reconheça sua maior eficácia.

A partir dessas constatações, verificamos o incremento da responsabilidade do Legislativo, dos órgãos da Administração Pública, do Ministério Público e, principalmente, do Judiciário, na promoção da defesa do consumidor, porquanto as melhores leis serão letra morta, caso os magistrados não as interpretem e apliquem adequadamente.

Bibliografia

AGUIAR JÚNIOR, Ruy Rosado de. "Cláusulas Abusivas no Código do Consumidor". *Estudos sobre a Proteção do Consumidor no Brasil e no Mercosul.* Coordenação de Cláudia Lima Marques. Porto Alegre: Livraria do Advogado, 1994.

———. "A Boa-Fé na Relação de Consumo". *Revista de Direito do Consumidor*, vol. 14. São Paulo: Revista dos Tribunais, Abril/Junho – 1995.

ALVIM, Arruda. "Cláusulas Abusivas e seu Controle no Direito Brasileiro". *Revista de Direito do Consumidor*, vol. 20. São Paulo: Revista dos Tribunais, Outubro/Dezembro – 1996.

——— e outros. *Código do Consumidor Comentado.* 2ª ed. São Paulo: Revista dos Tribunais, 1995.

AMARAL JÚNIOR, Alberto do. "A Abusividade da Cláusula Mandato nos Contratos Financeiros, Bancários e de Cartões de Crédito". *Revista de Direito do Consumidor*, vol. 19. São Paulo: Revista dos Tribunais, Julho/Setembro – 1996.

———. "A Invalidade das Cláusulas Limitativas de Responsabilidade nos Contratos de Transporte Aéreo". *Revista de Direito do Consumidor*, vol. 26. São Paulo: Revista dos Tribunais, Abril/Junho – 1998.

———. *Comentários ao Código de Proteção do Consumidor.* São Paulo: Saraiva, 1991.

———. "A Boa-Fé e o Controle das Cláusulas Contratuais Abusivas nas Relações de Consumo". *Revista de Direito do Consumidor*, vol. 6. São Paulo: Revista dos Tribunais, Abril/Junho – 1993.

AMORIM FILHO, Agnelo. "Critério Científico Para Distinguir a Prescrição da Decadência e Para Identificar as Ações Imprescritíveis". *Revista dos Tribunais*, vol. 744. São Paulo: Revista dos Tribunais, Outubro/1997.

AZEVEDO, Fernando Costa de. *Defesa do Consumidor e Regulação.* Porto Alegre: Livraria do Advogado, 2002.

BECKER, Anelise. "A Natureza Jurídica da Invalidade Cominada às Cláusulas Abusivas pelo Código de Defesa do Consumidor". *Revista de Direito do Consumidor*, vol. 21. São Paulo: Revista dos Tribunais, Janeiro/Março – 1997.

BENJAMIN, Antônio Herman de Vasconcellos e. *Código Brasileiro de Defesa do Consumidor*. 6ª ed. Rio de Janeiro: Forense Universitária, 1999.

——. *Comentários ao Código de Proteção do Consumidor*. São Paulo: Saraiva, 1991.

BEVILAQUA, Clovis. *Código Civil dos Estados Unidos do Brasil Comentado*. Edição Histórica, vol. 4. Rio de Janeiro: Editora Rio, 1958.

BOBBIO, Norberto. *Igualdade e Liberdade*. 2ª ed. Rio de Janeiro: Ediouro Publicações, 1997.

BONATTO, Cláudio e MORAES, Paulo Valério Dal Pai. *Questões Controvertidas no Código de Defesa do Consumidor*. 4ª ed. Porto Alegre: Livraria do Advogado, 2003.

CANOTILHO, José Joaquim Gomes. *Direito Constitucional e Teoria da Constituição*. 3ª ed. Coimbra, Portugal: Livraria Almedina, 1999.

CRETELLA JÚNIOR, José. *Comentários ao Código do Consumidor*. Rio de Janeiro: Forense, 1992.

DALL'AGNOL JÚNIOR, Antônio Janyr. "Cláusulas Abusivas: a opção brasileira". *Estudos sobre a Proteção do Consumidor no Brasil e no Mercosul*. Coordenação de Cláudia Lima Marques. Porto Alegre: Livraria do Advogado, 1994.

DONATO, Maria Antonieta Zanardo. *Proteção ao Consumidor, Conceito e Extensão*. São Paulo: Revista dos Tribunais, 1993.

FERREIRA, Aurélio Buarque de Holanda. *Novo Aurélio Século XXI*. 3ª ed. Rio de Janeiro: Nova Fronteira, 1999.

FILOMENO, José Geraldo Brito. *Código Brasileiro de Defesa do Consumidor*. 6ª ed. Rio de Janeiro: Forense Universitária, 1999.

FRANÇA, Genival Veloso de. "O Código do Consumidor e o Exercício da Medicina". *Revista de Direito do Consumidor*, vol. 13. São Paulo: Revista dos Tribunais, Janeiro/Março – 1995.

GOMES, Orlando. *Contratos*. 18ª ed. Rio de Janeiro: Forense, 1998.

GRAU, Eros Roberto. "Interpretando o Código de Defesa do Consumidor; Algumas Notas". *Revista de Direito do Consumidor*, vol. 5. São Paulo: Revista dos Tribunais, Janeiro/Março – 1993.

GREBLER, Eduardo. "Arbitragem nos Contratos Privados". *Revista dos Tribunais*, vol. 745. São Paulo: Revista dos Tribunais, Novembro/1997.

JARDIM, Antônio Guilherme Tanger. "O Consumidor e o Contrato de Seguro". *Revista de Direito do Consumidor*, vol. 26. São Paulo: Revista dos Tribunais, Abril/Junho – 1998.

LISBOA, Roberto Senise. *Contratos Difusos e Coletivos*. São Paulo: Revista dos Tribunais, 1997.

——. "Princípios Gerais dos Contratos". *Revista dos Tribunais*, vol. 745. São Paulo: Revista dos Tribunais, Novembro/1997.

LÔBO, Paulo Luiz Neto. "Contratos no Código do Consumidor: Pressupostos Gerais". *Revista de Direito do Consumidor*, vol. 6. São Paulo: Revista dos Tribunais, Abril/Junho – 1993.

LORENZETTI, Ricardo Luis. *Fundamentos do Direito Privado*. São Paulo: Revista dos Tribunais, 1998.

MACEDO, Elaine Harzheim. "Contrato de Adesão. Controle Judicial dos Contratos de Consumo". *Revista de Direito do Consumidor*, vol. 15. São Paulo: Revista dos Tribunais, Julho/Setembro – 1995.

MACEDO JÚNIOR, Ronaldo Porto. "Histórico da Lei de Arbitragem". *Revista de Direito do Consumidor*, vol. 21. São Paulo: Revista dos Tribunais, Janeiro/Março – 1997.

MARQUES, Cláudia Lima. *Contratos no Código de Defesa do Consumidor*. 4ª ed. São Paulo: Revista dos Tribunais, 2002.

———. "Novas Regras sobre a Proteção do Consumidor nas Relações Contratuais". *Revista de Direito do Consumidor*, vol. 1. São Paulo: Revista dos Tribunais, Março/1992.

———. "Planos Privados de Assistência à Saúde. Desnecessidade de Opção do Consumidor Pelo Novo Sistema. Opção a Depender da Conveniência do Consumidor. Abusividade de Cláusula Contratual Que Permite a Resolução do Contrato Coletivo por Escolha do Fornecedor". *Revista de Direito do Consumidor*, vol. 31. São Paulo: Revista dos Tribunais, Julho/Setembro – 1999.

MARTINS-COSTA, Judith. *A Boa-Fé no Direito Privado*. São Paulo: Revista dos Tribunais, 1999.

———. "Crise e Modificação da Idéia de Contrato no Direito Brasileiro". *Revista de Direito do Consumidor*, vol. 3. São Paulo: Revista dos Tribunais, Setembro/Dezembro – 1992.

———. "Princípio da Boa-Fé". *Revista da Associação dos Juízes do Rio Grande do Sul*, vol. 50. Porto Alegre, Novembro/1990.

MAXIMILIANO, Carlos. *Hermenêutica e Aplicação do Direito*. 9ª ed. Rio de Janeiro: Forense, 1981.

MEIRELLES, Hely Lopes. *Direito Administrativo Brasileiro*. 23ª ed. São Paulo: Malheiros Editores, 1990.

MIRANDA, Pontes de. *Tratado das Ações*, Tomo IV. São Paulo: Revista dos Tribunais, 1973.

MORAES, Paulo Valério Dal Pai. *Questões Controvertidas no Código de Defesa do Consumidor*. 4ª ed. Porto Alegre: Livraria do Advogado, 2003.

———. *O Princípio da Vulnerabilidade no Código de Defesa do Consumidor*. Porto Alegre: Síntese, 1999.

———. "O Compromisso de Ajustamento". *Revista de Direito do Consumidor*, vol. 32. São Paulo: Revista dos Tribunais, Outubro/Dezembro – 1999.

———. "O Ministério Público e a Legitimidade para a Defesa dos Interesses Coletivos Decorrentes de Questões Tributárias de Massa". *Revista do Ministério Público do Rio Grande do Sul*, vol. 43. Porto Alegre: Metrópole, 2000.

———. *Conteúdo Interno da Sentença: Eficácia e Coisa Julgada*. Porto Alegre: Livraria do Advogado, 1997.

MORAES, Voltaire de Lima. "Anotações Sobre o Ônus da Prova no Código de Processo Civil e no Código de Defesa do Consumidor". *Revista de Direito do Consumidor*, vol. 31. São Paulo: Revista dos Tribunais, Julho/Setembro – 1999.

——. *Das Preliminares no Processo Civil*. Rio de Janeiro: Forense, 2000.

NERY JÚNIOR, Nelson. *Código Brasileiro de Defesa do Consumidor*. 6ª ed. Rio de Janeiro: Forense Universitária, 1999.

——. "Os Princípios Gerais do Código Brasileiro de Defesa do Consumidor". *Revista de Direito do Consumidor*, vol. 3. São Paulo: Revista dos Tribunais, Setembro/Dezembro – 1992.

——. *Código de Processo Civil Comentado*. 4ª ed. São Paulo: Revista dos Tribunais, 1999.

——. *Código Civil Anotado e Legislação Extravagante*. 2ª edição. São Paulo: Revista dos Tribunais, 2003.

——. *Princípios do Processo Civil na Constituição Federal*. 6ª ed. São Paulo: Revista dos Tribunais, 2000.

——. "Aspectos do Processo Civil no Código de Defesa do Consumidor". *Revista de Direito do Consumidor*, vol. 1. São Paulo: Revista dos Tribunais, Março – 1992.

NERY, Rosa Maria B.B. de Andrade. "Competência Relativa de Foro e a Ordem Pública: O Artigo 51 do CDC e o Verbete nº 33 da Súmula do STJ". *Revista dos Tribunais*, vol. 693. São Paulo: Revista dos Tribunais, Julho/1993.

PASQUALOTTO, Adalberto. "Defesa do Consumidor". *Revista dos Tribunais*, vol. 658. São Paulo: Revista dos Tribunais, Agosto/1990.

POPP, Carlyle. "A Nova Visão Contratual: O Código de Defesa do Consumidor e a Lei do Inquilinato". *Revista de Direito do Consumidor*, vol. 23-24. São Paulo: Revista dos Tribunais, Julho/Dezembro – 1997.

RÁO, Vicente. *Ato Jurídico*. 4ª ed. São Paulo: Revista dos Tribunais, 1999.

ROCHA, Sílvio Luís Ferreira da. "A Cláusula Compromissória Prevista na Lei 9.307, de 23.09.1996 e as Relações de Consumo". *Revista de Direito do Consumidor*, vol. 21. São Paulo: Revista dos Tribunais, Janeiro/Março – 1997.

SANTOS FILHO, Orlando Venâncio dos. "O Ônus do Pagamento dos Honorários Advocatícios e o Princípio da Causalidade". *Revista dos Tribunais*, vol. 748. São Paulo: Revista dos Tribunais, Fevereiro/1998.

SANTOS, Moacyr Amaral. *Primeiras Linhas de Direito Processual Civil*, vol. 1. 14ª ed. São Paulo: Saraiva, 1990.

SILVA, Agathe E. Schmidt da. "Cláusula Geral de Boa-Fé nos Contratos de Consumo". *Revista de Direito do Consumidor*, vol. 17. São Paulo: Revista dos Tribunais, Janeiro/Março – 1996.

SILVA, Clóvis Veríssimo do Couto e. *O Direito Privado Brasileiro na Visão de Clóvis do Couto e Silva*; org. Vera Maria Jacob de Fradera. Porto Alegre: Livraria do Advogado, 1997.

SILVA, Doralina Mariano da. "Convênio de Assistência Médico-Hospitalar e a Cláusula Contratual Limitadora do Prazo de Cobertura para as Hipóteses de Casos Clínicos Agudos". *Revista de Direito do Consumidor*, vol. 7. São Paulo: Revista dos Tribunais, Julho/Setembro – 1993.

SILVA, José Afonso da. *Direito Ambiental Constitucional*. 2ª ed. São Paulo: Malheiros Editores, 1998.

SILVA, Luís Renato Ferreira da. "O Princípio da Igualdade e o Código de Defesa do Consumidor". *Revista de Direito do Consumidor*, vol. 8. São Paulo: Revista dos Tribunais, Outubro/Dezembro – 1993.

——. "Cláusulas Abusivas: Natureza do Vício e Decretação de Ofício". *Revista de Direito do Consumidor*, vol. 23-24. São Paulo: Revista dos Tribunais, Julho/Dezembro –1997.

——. *Revisão dos Contratos: Do Código Civil ao Código do Consumidor*. Rio de Janeiro: Forense, 1998.

STIGLITZ, Gabriel. "O Direito Contratual e a Proteção Jurídica do Consumidor". *Revista de Direito do Consumidor*, vol. 1. São Paulo: Revista dos Tribunais, Março/1992.

TOMASETTI JÚNIOR, Alcides. "Aspectos da Proteção Contratual do Consumidor no Mercado Imobiliário Urbano. Rejeição das Cláusulas Abusivas pelo Direito Comum". *Revista de Direito do Consumidor*, vol. 2. São Paulo: Revista dos Tribunais, Junho/1992.

VARGAS, Zuleika Pinto Costa. "As Condições Gerais dos Negócios – Posições Doutrinárias – Soluções Adotadas Pelo Código do Consumidor". *Revista do Ministério Público do Rio Grande do Sul*, vol. 31. Porto Alegre: Revista dos Tribunais, 1994.

Índice Onomástico
(Os números referem-se às páginas)

AGUIAR JÚNIOR, Ruy Rosado de 37, 74, 101, 103
ALVIM, Arruda 44, 45, 55, 58, 77, 126, 130
AMARAL JÚNIOR, Alberto do 18, 49, 53, 101
AMORIM FILHO, Agnelo 41, 125
AZEVEDO, Fernando Costa de 28
BECKER, Anelise 39, 41
BENJAMIN, Antônio Herman de Vasconcellos e 23, 24
BEVILAQUA, Clovis 95
BOBBIO, Norberto 30
BONATTO, Cláudio 18, 19, 21, 23, 27, 28, 54, 59, 105
CANOTILHO, José Joaquim Gomes 31, 43, 64, 95, 115
CRETELLA JÚNIOR, José 26
DALL'AGNOL JÚNIOR, Antônio Janyr 37, 40, 124, 125
DONATO, Maria Antonieta Zanardo 22
FERREIRA, Aurélio Buarque de Holanda 17, 24, 78
FILOMENO, José Geraldo Brito 28
FRANÇA, Genival Veloso de 72
GOMES, Orlando 17, 79
GRAU, Eros Roberto 97, 100
GREBLER, Eduardo 92
JARDIM, Antônio Guilherme Tanger 70
LISBOA, Roberto Senise 75, 76, 84, 86
LÔBO, Paulo Luiz Neto 24, 90
LORENZETTI, Ricardo Luis 107
MACEDO, Elaine Harzheim 125
MACEDO JÚNIOR, Ronaldo Porto 93
MARQUES, Cláudia Lima 20, 34, 36, 37, 47, 48, 71, 76, 77, 80, 81, 93, 96, 104, 109, 127
MARTINS-COSTA, Judith 100, 104
MAXIMILIANO, Carlos 53, 69, 114, 129
MEIRELLES, Hely Lopes 122, 124

MIRANDA, Pontes de 37
MORAES, Paulo Valério Dal Pai 18, 19, 21, 23, 27, 28, 43, 54, 59, 87, 105, 107, 111, 114, 120, 126
MORAES, Voltaire de Lima 60, 128, 134
NERY, Rosa Maria B.B. de Andrade 66, 67
NERY JÚNIOR, Nelson 19, 34, 35, 37, 52, 57, 61, 62, 64, 69, 78, 85, 89-92, 94, 94-96, 107, 111, 113, 122-127, 129, 131
PASQUALOTTO, Adalberto 30
POPP, Carlyle 29
RÁO, Vicente 74
ROCHA, Sílvio Luís Ferreira da 94
SANTOS, Moacyr Amaral 128
SANTOS FILHO, Orlando Venâncio dos 84
SILVA, Agathe E. Schmidt da 99
SILVA, Clóvis Veríssimo do Couto e 102
SILVA, Doralina Mariano da 73
SILVA, José Afonso da 108
SILVA, Luís Renato Ferreira da 25, 38, 101
STIGLITZ, Gabriel 31, 110
TOMASETTI JÚNIOR, Alcides 35
VARGAS, Zuleika Pinto Costa 110

Índice Analítico
(Os números remetem às páginas)

Ação coletiva de consumo 117, 121, 126, 132, 134
Ação de controle abstrato das cláusulas abusivas 127, 129
Ação imprescritível 41, 125
Acidente de consumo 19, 23
Anulabilidade(s) 36, 37, 38, 39
Arbitragem 91-95
Atividade 24, 27
Atividade jurisdicional do Estado 87
Autonomia da vontade 29, 30, 43, 85, 109

Benfeitorias necessárias 61-63
Bens imateriais 26
Bens imóveis 26
Bens materiais 26
Bens móveis 26
Boa-fé 99-105, 109
Boa-fé objetiva 34-36, 100, 102
Boa-fé subjetiva 100
Bystander 24

Causas de extinção dos contratos 77-84
Cláusula compromissória 91-95
Cláusula de cancelamento bilateral 78
Cláusula de cancelamento unilateral do contrato 77
Cláusula de eleição de foro 64-67
Cláusula de exclusão de determinadas doenças da cobertura do seguro ou plano de saúde 71
Cláusula de exclusão do risco de suicídio nos contratos de seguro de vida 69
Cláusula de inversão prejudicial do ônus da prova 58
Cláusula de modificação unilateral do contrato 85
Cláusula de não-indenizar 48, 49
Cláusula de opção exclusiva à conclusão do contrato 75

Cláusula de renúncia à indenização por benfeitorias necessárias 61, 62
Cláusula de renúncia ou disposição de direitos 50, 51, 60, 62
Cláusula de representante imposto 95, 98
Cláusula de ressarcimento unilateral dos custos de cobrança 84
Cláusula de subtração da opção de reembolso da quantia paga 54, 56
Cláusula de transferência de responsabilidade a terceiros 40, 57
Cláusula de utilização compulsória da arbitragem 91-92
Cláusula de variação unilateral do preço 76
Cláusula em desacordo com o sistema de proteção ao consumidor 37, 41, 45, 55, 63, 90
Cláusula geral 44, 47, 88, 99, 101, 104
Cláusula geral da boa-fé 99, 105
Cláusula geral proibitória da utilização de cláusulas abusivas 104
Cláusula limitativa da indenização 52
Cláusula-mandato 95-98
Cláusula possibilitadora de violação de normas ambientais 105
Cláusula potestativa 74, 75
Cláusula resolutiva 79
Cláusula resolutória 80, 81
Cláusula(s) abusiva(s) 33-40. 42-52, 73, 75, 109-138
Cláusula(s) surpresa 88-91
Cláusulas exclusivistas 75
Coletividade 22
Coletividade como equiparada ao consumidor 22
Competência relativa 65-67
Compromisso de ajustamento de conduta 111, 113, 117, 119, 121
Conceito de cláusula abusiva 33, 35
Conceito de consumidor 19, 21, 23, 25
Conceito de fornecedor 24, 25
Conceito de produto 19, 26
Conceito de serviço 19, 27
Conceito jurídico indeterminado 63, 104
Conceito *standard* de consumidor 19, 21
Consensualismo 85
Consumidor *stricto sensu* 20-23
Consumidores *lato sensu* 23
Contrato(s) de seguro 69
Contratos cativos de longa duração 83
Controle abstrato e preventivo 129
Controle administrativo 110-118
Controle administrativo em abstrato 115
Controle administrativo em concreto 118
Controle das cláusulas abusivas 109

Controle direto 125
Controle em concreto 118
Controle incidental 125
Controle judicial 122
Controle judicial em abstrato 126
Controle judicial em concreto 131
Corrente finalista 20, 26
Corrente maximalista 20

Defesa coletiva dos direitos metaindividuais 133
Defesa preventiva do consumidor 23
Desenvolvimento de atividades 24
Destinatário final 19-26
Direito de ação 122
Direito individual heterogêneo 132
Direitos coletivos em sentido estrito 134
Direitos coletivos *lato sensu* 124
Direitos difusos 116, 120, 130, 133, 134
Direitos individuais homogêneos 119, 120, 132-135
Direitos transindividuais (critérios distintivos) 133

Eficácia da coisa julgada 135
Eficácia *erga omnes* 131, 134
Eficácia *ultra partes* 134
Elementos da relação de consumo 19
Empresas privadas operadoras de planos ou seguros-saúde 72
Enriquecimento sem causa 63, 87
Eqüidade 45, 83, 88, 94, 102, 104, 109

Fornecedor 24, 74

Harmonia (princípio da) 57, 75, 114

Igualdade 25, 29, 42, 76, 85, 94
Igualdade na contratação como direito básico do consumidor 42, 76, 87
Inalterabilidade 85, 87
Inquérito civil 110-112, 115-120
"Insumidor" 21
Intangibilidade 85, 87
Interesse do Ministério Público 116, 120, 131
Interesse social 31, 40, 49, 51, 60, 67, 73, 74, 93, 94, 103, 110, 134
Interesses coletivos em sentido estrito 120
Interesses difusos 116-120, 131
Interesses individuais homogêneos 119, 120, 132-135

Interesses transindividuais (critérios distintivos) 133
Inversão do ônus da prova *ope judici* 59-60
Inversão do ônus da prova *ope legis* 59-61

Juízo arbitral 91, 92, 94
Jurisdição 123-126

Legitimação extraordinária 118, 128
Legitimação ordinária 128
Legitimidade do Ministério Público 116, 134
Legitimidade extraordinária 128, 129
Legitimidade para a propositura da ação coletiva 127, 129
Liberdade contratual 29
Liberdade para contratar 29

Mandato 95-98
Modificação unilateral do contrato 85

Nulidade de pleno direito 30, 36, 37-40, 44, 47, 51, 54, 125, 138
Nulidade dependente de julgamento 38
Nulidade dependente de rescisão 38, 39, 41
Nulidade *tout court* 37-39, 41, 44
Nulidade(s) 37-39
Nulidade(s) absoluta(s) 37-41, 60, 125
Nulidade(s) relativa(s) 37-39

Onerosidade excessiva 82, 87
Obrigatoriedade 85
Origem comum 119, 132, 133
Objeto de relação jurídica de consumo 18, 19, 25-27
Objeto de relação de consumo 25, 27, 28

Poder-dever de polícia 112
Presunção de vulnerabilidade do consumidor 54, 80, 110
Princípio da boa-fé 35, 36, 86, 97, 101
Princípio da harmonia 57, 75, 114
Princípio da inafastabilidade do controle judicial 122
Princípio da integração dos contratos 105
Princípio da irrenunciabilidade de direitos 50
Princípio da isonomia 30, 42, 87
Princípio da legalidade 112
Princípio da legitimidade das partes 127
Princípio da repressão eficiente aos abusos 114
Princípio do direito de ação 122

Princípio processual dispositivo 126
Princípios gerais do contrato 85, 86
Princípios jurídicos 100
Processo administrativo 117, 118, 121, 122
Produto 19, 25, 26
Promoção da defesa do consumidor como direito e garantia fundamental 30, 42, 64, 70, 72, 94, 138
Proteção contra cláusulas abusivas 42, 43

Regras de distribuição do encargo probatório 58
Regras jurídicas 100
Relação contratual 17, 21, 28, 71, 85, 105
Relação contratual de consumo 28, 58, 62, 69, 81, 94, 119, 132
Relação jurídica base 119, 120, 132
Relação jurídica de consumo 18, 19, 26, 27, 42, 43, 57
Relação(ões) de consumo 19, 25, 27, 28, 67, 76, 94, 97, 103, 109, 111, 112, 125
Relação(ões) jurídica(s) 17, 18, 19, 26
Relatividade dos efeitos 85, 86
Remuneração 26-28
Representação 95, 98
Rescisão contratual 78-82
Resilição contratual 78-80, 82
Resolução contratual 78, 80, 81, 91

Sanções administrativas 113, 117, 118, 121, 122
Semoventes 26
Serviço 19, 27
Serviços públicos 28

Teleologia do Código de Defesa do Consumidor 25, 42, 62, 81

Visão social do contrato 109
Vítima de acidente de consumo 23
Vulnerabilidade ambiental 107
Vulnerabilidade do consumidor 54, 80, 110

Impressão:
Editora Evangraf
Rua Waldomiro Schapke, 77 - P. Alegre, RS
Fone: (51) 3336.2466 - Fax: (51) 3336.0422
E-mail: evangraf@terra.com.br